못 가본 길이
더 아름답다

박완서

못 가본 길이
더 아름답다

박완서 산문집

현대문학

또 책을 낼 수 있게 되어 기쁘다. 내 자식들과 손자들에게도 뽐내고 싶다. 그 애들도 나를 자랑스러워했으면 참 좋겠다. 아직도 글을 쓸 수 있는 기력이 있어서 행복하다. 쓰는 일은 어려울 때마다 엄습하는 자폐自閉의 유혹으로부터 나를 구하고, 내가 사는 세상에 대한 관심과 애정을 지속시켜주었다. 또한 노후에 흙을 주무를 수 있는 마당이 있는 집에 산다는 것도 큰 복이다. 내 마당에 몸 붙이고 있는 것들은 하루도 나를 기쁘게 하지 않는 날이 없지만 손이 많이 간다. 그 육체노동 덕분에 건강을 유지한대도 과언이 아니다.

나를 지탱해주는 이 양다리가 아직은 성해서 이렇게 또 한 권의 책을 묶을 수 있게 된 것을 스스로 대견해하고 있다. 늙어 보인다는 소리가 제일 듣기 싫고, 누가 나를 젊게 봐준 날은 온종일 기분이 좋은 평범한 늙은이지만 글에서만은 나잇값을 떳떳하게 하고 싶다.

『호미』이후에 쓴 글들을 묶자고 한 것인데 추려내고 나니 많이 모자라는 것을 내가 미처 챙기지 못한 그전 것들까지 찾아내 어렵게 한 권 분량의 글을 모아준 현대문학의 수고에 깊은 감사를 드린다.

2010년 여름

박완서

차례

2부_ 책들의 오솔길

3부_ 그리움을 위하여

1부 _ 내 생애의 밑줄

소리 없이 나를 스쳐간 건 시간이었다.

시간이 나를 치유해줬다. 나를 스쳐 간 시간 속에

치유의 효능도 있었던 것은 많은 사람들의 사랑이 있었기 때문일 것이다.

신이 나를 솎아낼 때까지는 이승에서 사랑받고 싶고,

필요한 사람이고 싶고, 좋은 글도 쓰고 싶으니

계속해서 정신의 탄력만은 유지하고 싶다.

못 가본 길이
더 아름답다

아침에 눈뜨자마자 마당에 나갔다가 이제서야 집 안에 들어왔다. 열 시 넘은 시간이다. 지치고 배도 고파서 들어온 것이지 일이 끝난 건 아니다. 마당 일은 한도 끝도 없다. 집이 교외에 있어 작은 마당을 가꾸고 있는데 꽃나무 몇 그루 심고 나머지 땅은 텃밭을 만들까 하다가 농사에 자신이 없어 잔디를 심었다. 채소를 가꾸는 것보다 잔디가 훨씬 손이 덜 갈 줄 알았다. 또 이왕 단독주택에 살 바에는 잔디밭 정도는 딸린 집에 살아야 할 것 같은, 양옥집과 푸른 잔디라는 소녀 적부터의 꿈도 한몫을 했을 것이다. 마당이 양지발라 잔디가 잘된다. 나무

심기, 전지 등 동네 마당 일을 도맡아 해주는 정원사 아저씨도 이 동네서 우리 집 잔디가 제일 예쁘다고 칭찬을 해준다. 잘한다, 잘한다 하면 더 잘하고 싶다고, 어디 경연대회라도 나갈 것처럼 점점 잔디에 신경을 써 버릇한 게 이제는 빼놓을 수 없는 일과가 되었다. 나의 근본이 워낙 시골뜨기라 처음엔 흙장난처럼 즐겁기만 하더니 체력이 떨어질 나이라 해마다 더 힘들어진다.

이른 봄 미처 잔디가 푸르러지기 전에 예서제서 푸릇푸릇 고개를 곧추세우고 올라오는 풀은 틀림없이 잔디가 아니다. 나는 그런 풀을 '나도 잔디' 라고 이름 붙이고 가차없이 뽑아버린다. '나도 잔디' 는 저항 없이 잘 뽑히는 걸 보면 착한 풀이다. 나의 노역이 고되지는 건 꽃밭에서 일년초들이 싹트고 잔디도 하루가 다르게 푸르러지는 바로 5월 요즘 같은 계절이다. 클로버들은 잔디 사이에 그들만의 질기고 치밀한 그물망을 만들고 민들레, 냉이, 새금풀, 질경이를 비롯해서 이름도 알 수 없는 온갖 잡초들이 하룻밤 새에도 5센티미터 10센티미터씩 자라서 여봐란 듯이 하얀 꽃을 피우기도 한다. 그 연약하고 보잘것없는 것들에게 악착같이 싸움을 거는 자신이 때로는 민망하고 한심하지만 내 마당을 내가 원하는 밑그림대로 관리하고 싶은 욕망을 어쩔 수가 없다. 잔디 사이에서 고개를 들고 싹트는 풀의 종류는 해마다 늘어나고 다양해진다. 아무리 잡초라 해도 이 땅의 산야에서 번식하던 것은 낯설지 않은 법인데 그렇지 않은 신종 잡초도 많다. 이것들은 도대체 어디서 온 것일까. 온갖 잡새들이 산에서 내려와 마당에서 놀다가는 일이 많으니 그것들의 배설물이 원인일 수도 있지만 이국적인 잡초는 아마도 먼 나라에서 불어온 바람, 특히 황사 바람을 타고 오는 게 아닐까. 몇만 리를 날아와서 하룻밤 새에 꽃까지 피우는 생명력이 경이롭고도 두렵다. 그런 생각을 하면 내 끝없는 노동에 맥이 빠지면서 '내가 졌다' 있지도 않은 백기를 들고 마당에 벌렁 드러누워 버릴 적도 있다. 잔디밭에 등을 대고 누우면 부드럽고 편안하고 흙 속 저 깊은 곳에서 뭔가가 꼼지락대는 것 같은 탄력이 느껴진다. 살아 있는 것들만이 낼 수 있는 이런 기척은 흙에서 오는 걸까, 씨앗들로부터 오는 것일까. 아니 둘 다일 것 같다. 흙과 씨는 분리해서 생각할 수 없을 적이 많다. 씨를 품은 흙의 기적은 부드럽고 따숩다. 내 몸이 그 안으로 스밀 생각을 하면 죽음조차 무섭지 않아진다.

흙은 아무거나 받아들이기만 하는 것이 아니다. 조그만 틈만 있어도 흙은 푸른 생명력을 토해내고 만다. 대문에서 집 현관문까지는 경사가 져 있어서 돌계단을 깔았는데 집 지은 지 십 년이 넘는 동안에 돌과 돌 사이의 이음새를 바른 시멘트가 떨어져 나간 데가 생겼다. 그 사이에서도 풀이 나기 시작했다. 처음 돋은 풀들은 연약한 외떡잎 풀이더니 해마다 그 종이 다양해져서 쌍떡잎 식물도 돋아나고 작지만 꽃까지 피는 것도 생기면서 돌이 점점 삐딱하게 기울기 시작했다. 사실 그 사이에서 돋아난 푸른 것들이란 자세히 눈여겨보지 않으면 보이지도 않을 정도로 미소한 것들이다. 그렇지만 생명 있는 것들의 힘은 비록 영양실조에 걸렸을망정 큰 돌을 움직이는 괴력이 되기도 한다. 생명 있는 곳엔 바람의 형태로든 먼지의 형태로든 흙이 모여들어 씨앗과 합력한다. 돌계단의 이음새가 점점 더 넓어져서 안전을 위협하게 되자 금년에 집을 손보면서 돌을 바로잡고 틈을 시멘트로 빈틈 없이 바르도록 했다. 이 땅의 산야를 사통오달 굴을 뚫고 길을 내느라 단단히 포장한 아스팔트 길 밑의 흙속에는 얼마나 많은 씨들이, 흙의 입자만큼이나 무수한 씨들이 백 년 후건 천 년 후건 싹틀 날만 기다리고 잠들지 못하고 있을까. 그런 생각을 하면 인간이 크게 못할 노릇을 하고 있는 게 아닌가 괜히 두렵고 뒤숭숭하다. 그렇다고 흙이 아스팔트야 들고 일어나겠는가.

요새처럼 흙의 생명력이 왕성할 때는 잡초 뽑기 말고도 수시로 마당이 나를 불러낸다. 일년초도 적당한 간격으로 솎아 줘야 하고 심지 않았는데도 건강하게 영역을 넓혀가는 머위, 돋나물 등 식용할 야채를 거두기도 한다. 다 나에게 맞는 육체노동을 시키고 마음을 행복하게 해주는 고마운 흙장난이다. 아침 일과처럼 습관적으로 마당에 나갈 때는 모자도 쓰고 면장갑도 끼고 나름대로 준비를 하지만 책 읽고 글 쓰다가 머리도 쉴 겸, 몸도 풀 겸 마당에 나갈 때는 맨손이다. 맨손으로 나갔다고 할 일이 눈에 안 들어오는 건 아니다. 맨손으로 흙을 주무르다가 들어오면 손톱 밑이 까맣다. 외출할 일이 있으면 정성 들여 손을 씻지만 대강 씻고 무심히 외출할 적도 없지 않아 있다. 그러고 사람을 만날 때면 열심히 내 손을 테이블 밑으로 감추지만 속으로는 엉뚱한 상상력으로 비죽비죽 웃음이 나온다. 며칠만 나의 때 묻은 손톱을 간직하면 열 손가락 손톱 밑에서 푸릇푸릇 싹이 돋지 않을까. 내 손톱 밑에 낀 것은 단연 때가 아니라 흙이므로.

　매니큐어 대신 손끝에 푸른 싹이 난 열 손가락을 하늘 향해 높이 처들고 도심의 번화가를 활보하는 유쾌하고 엽기적인 늙은이를 상상해본다.

　마당 가꾸기는 내 집 마당이라는 소유욕과 이웃집 마당보다 더 예쁘고, 가지런하고 싶은 일방적인 경쟁심 때문에 고달프지만 그것도 노동이라고 그 후의 휴식은 감미롭다. 집 앞이 바로 숲이다. 숲이 일 년 중 가장 예쁠 때가 이맘때다. 매해 보는 거지만 5월의 신록은 매번 처음 보는 것처럼 새롭고 눈부시다. 신록의 빛깔도 수종에 따라 미묘한 차이가 있다. 순전한 녹두색도 있고 갈색이나 보라색이 도는 연녹색도 있고, 젖빛이 도는 건 아마도 아카시아일 것이다. 그런 미묘한 차이가 원근과 수종에 따라 서로 조화를 이루면서 바람이 불 때마다 움직이고 살랑이는 모습도 조금씩 다르다. 그러나 한결같이 몽실몽실 부드럽고 귀여운, 꼭 아기 궁둥이 같은 게 오월의 나무들이다. 내 소유가 아니어서 욕심 없이 바라볼 수 있는 자유와 평화, 그게 바로 차경借景의 묘미 아니겠는가. 내가 더 늙고 힘에 부쳐 우리 마당이 볼품없는 쑥대밭이 된다 해도 저 숲의 사계절 변화는 계속될 것이다. 노후에 빌려 보는 경치가 아름다운 집에 산다는 게 큰 복이다 싶다. 창가에 앉아서 빌려 보는 경치로 눈을 씻고 마음을 씻고 나서 그래도 몸담고 있는 세상 돌아가는 일도 대강은 알아둬야 할 것 같아 마지못해 신문을 펴든다.

신문의 정치 사회면은 단박 나의 숲속의 평화를 비현실적인 것으로 만들어버린다. 여야가 편 가르고 흩어졌다 모였다 하면서 서로 제가 옳고 제가 잘났다고 우기는 건 선거철마다 있는 일이다. 선거철만 지나면 우리네 보통사람들은 정치인이 한 약속도, 그가 여였는지 야였는지도 잊어버리고 생업에 종사하게 될 것이다. 아마도 그걸 믿기에 그들이 헛된 약속을 남발할 수 있을 것이고, 국민의 입장에서도 번번이 속는 걸 알면서도 변화의 약속이 지루한 일상에 활력이 되는 것도 사실이다. 선거가 없다면 무슨 재미로 살까 싶을 만큼 선거는 오락적인 측면이 강하다.

정치판이 죽기 살기로 싸우는 걸 오락처럼 즐길 수 있는 편리한 심장이라 해도 천안함 사건을 비켜갈 수는 없다. 젊은 죽음에 대한 애통한 마음도 쉬 가라앉지 않거니와 그 사건에 낀 우리의 입장, 주변국과 강대국의 태도, 북에 대한 의구심과 적개심, 그 정당한 분노조차 자제해야 할 것 같은 그래도 전쟁만은 피해야지 하는 마지막 평화주의. 남들은 어떤지 잘 모르지만 나의 평화주의는 전쟁에 대한 공포의 다른 이름일 뿐인지도 모르겠다. 또한 나의 평화주의는 부끄럽게도 진상까지도 피해 가고 싶을 만큼 비겁한 것이기도 하다.

금년은 또 경인년이다. 나에게는 그냥 경인년이 아니라, 또 경인년이고 또 경인이기 때문에 내 생전에 또 전쟁을 겪게 될까 봐 두려운 것이다. 6·25가 난 해도 경인년이었으니 꽃다운 20세에 6·25전쟁을 겪고 어렵게 살아남아 그해가 회갑을 맞는 것까지 봤으니 내 나이가 새삼 징그럽다. 더 지겨운 건 육십 년이 지나도 여전히 아물 줄 모르고 도지는 내 안의 상처이다. 노구老軀지만 그 안의 상처는 아직도 청춘이다.

그해의 5월도 아름다웠다. 내 생애의 가장 아름다운 5월이었다. 교정에 라일락 향기가 숨 막히던 5월에 나는 중학교를 졸업했다. 그때 학제로는 중학교가 6학년까지 있었으니 지금으로 치면 고등학교를 졸업하는 거였다. 어떻게 해서 졸업을 5월에 할 수 있었나, 다들 의아해하지만 그 또한 우리 학년만의 특혜였다. 우리는 중학교 재학 중에 해방을 맞았고 해방된 달이 8월이어서인지 다음 해 봄에 진급을 시키지 않고 일 년 있다가 9월에 진급을 시켰다. 식민지를 벗어난 독립국에 맞는 국정교과서나 커리큘럼이 정해지기도 전, 단지 해방되었을 뿐인 혼란기에 불가피한 조치였을 것이다. 그 후 몇 년 동안은 8월을 학기말로 하고 9월에 새학기가 시작되었다. 그게 미국식 학제라고 하니 뭐든지 미국식을 좋아할 때라 그대로 고정되는 줄 알았는데 종전대로 봄 학년도로 환원한다고 했다. 별안간 그렇게 하면 그해 학년은 너무 짧아지니까, 그 과도 조치로 그해만 5월을 학기말로 했던 것이다. 졸업식도 5월에 있었고 대학입시도 5월에 이미 치르고 나서 합격된 뒤였으니 근심 없이 마냥 들뜨고 행복한 졸업식이었다. 계절의 여왕이라는 좋은 계절이 졸업의 기쁨을 더해주었다.

대학 입학식은 6월 초에 있었다. 대학로도 눈부신 6월이었다. 그러나 1950년 6월이었다. 하필이면 왜 5월 졸업식이었을까는 굉장한 행운이었지만 하필이면 왜 50년 6월이었을까는 무서운 재난이었다.

입학식 치르고 며칠 다니지도 않아 6·25가 났다. 집안 남자들의 비참하고 억울한 죽음, 굶주림, 폭격과 기총소사, 혹한의 피난길, 그 와중에서도 좌左냐 우右냐 하는 이념에 따라 혈육과 가정이 분열하고, 이웃과 친척, 직장 동료끼리도 서로 헐뜯고 고발하고 불구대천의 원수가 되는, 사람 나고 이념 난 게 아니라 이념이 인격이나 사람다움 위에 군림하던 전후의 공포 분위기, 이청준의 소설에도 나오는 전깃불 뒤의 어둠에 자신의 정체를 숨긴 채 다짜고짜 우리 얼굴에 불빛을 쏘아대며 빨갱이인지 반동인지를 묻는 오만한 심문자, 내가 누구인지가 중요한 게 아니라 어떻게 대답해야 살아남을 수 있는지가 더 중요했던 시기를 거치면서 잃어버린 내 정체성, 고달픈 소녀 가장을 거쳐서 안착한 사회의 외풍을 막아줄 남자와의 무탈한 결혼생활, 베이비 붐 시대가 이 땅의 가임 여성에게 부과한 역사적 사명인 양 대책 없는 다산多産, 화목한 가정, 남들은 다 팔자 좋다고 알아주는 이러한 결혼생활이 문득문득 나를 힘들게 했다. 속에는 누더기를 걸치고 겉만 빌려 입은 비단옷으로 번드르르하게 꾸민 것처럼 자신이 한없이 뻔뻔스럽고 구질구질하게 느껴졌다. 실제적인 가슴의 통증으로 비명을 삼킬 때도 있었고, 어디 남 안 듣는 곳에 가서 실컷 소리 지르고 싶은 충동이 뭉쳐 병이 될 것 같은 적도 있었다.

내가 가정적으로 안정되었을 뿐 아니라 우리 사회도 전반적으로 전후의 가난을 딛고 경제성장기에 접어들었을 때였다. 전쟁 때 죽은 이들도 전사자 얼마 얼마, 민간인 희생 얼마 하는 통계숫자로 일목요연하게 정리돼 있을 때였다. '잘살아보자'는 민족적 여망은 자식도 남편도 가슴에 묻기보다는 통계숫자 안에 안착을 시켰다. 나 혼자만 당한 일이 아니라는 게 위로가 될 수도 있다는 건 모르지 않으면서도 나는 바로 그 점이 더 괴로웠다. 내 피붙이가 나에게 특별한 것처럼 죽어간 내 피붙이는 각자 고유하고 특별한 자기만의 세계를 가지고 있었다. 그들만의 세계는 아무도 함부로 할 수도, 바꿔치기할 수도 없는 그들만의 우주였다. 하나의 생명의 소멸은 그들에게 있어서는 우주의 소멸과 마찬가지이다. 어떻게 몇백만 분의 일이라는 숫자 안에 도매금으로 넘길 수 있단 말인가. 나는 내 피붙이만은 그 도매금에서 빼내어 개별화시키고 싶었다. 몇백만 분의 일이라는 죽은 숫자에다 피를 통하게 하고 싶었다. 그들의 고통, 그들의 억울한 사정을 외치고 싶어서 가슴이 터질 것 같았다. 누가 들어주건 말건 외치지 못하면 억울한 죽음을 암매장한 것 같은 죄의식을 생전 못 벗어날 것 같았다. 외침으로써 위로받고 치유받고 싶었다.

그래서 늦은 나이에 소설이라는 걸 써보게 되었고, 비교적 순탄한 작가생활을 하면서 스스로 치유받고 위안을 얻은 것처럼 느낀 것도 사실이다. 6·25의 경험이 없었으면 내가 소설가가 되지 않았을지도 모른다고 나도 느끼고 남들도 그렇게 알아줄 정도로 나는 전쟁 경험을 줄기차게 울궈먹었고 앞으로도 할 말이 얼마든지 더 남아 있는 것처럼 느끼곤 한다. 지금도 문학강연 같은 걸 하게 될 때는 소설이 지닌 이런 미덕, 쓰는 이와 읽는 이가 함께 누릴 수 있는 위안과 치유의 능력에 대해 말하곤 한다. 나는 내가 소설을 통해 구원받았다는 걸 인정하고 소설가인 것에 자부심도 느끼고 있지만 그렇게 말하고 나면 마치 허세를 부린 것처럼 뒷맛이 허전해지곤 한다. 내가 당초에 되고 싶었던 건 소설가가 아니었다. 다만 대학에 가서 학문을 하고 싶은 꿈에 부풀어 있었다. 무엇이 되는 건 그다음 문제였다. 당시만 해도 대학은 학문의 전당이었을 뿐 졸업하고 뭐가 되는 직업인을 양성하는 데가 아니었다. 어느 대학 어느 과가 더 출세에 유리하고, 돈을 잘 벌고 좋은 직업을 가질 수 있다는 식의 이익을 추구하는 데가 아니었다. 사회적 부조리를 비판하고 약자의 편에 설 수 있는 지성을 길러내는 데지 개인적인 이익을 추구하는 데가 아니었다. 특히 인문대가 그러해서 우리는 인문대를 대학의 대학이라고 자부하며 기고만장했었다. 오죽하면 대학을 상아탑이라 불렀겠는가. 그만큼 잡스러운 욕망이나 더러운 실리로부터 보호받는다는 면이 강했다. 막 대학 문턱에 들어선 초년생에게 대학은 진리와 자유의 공간이었고, 만 권의 책이었고, 그 안에 숨어 있는 아름다운 문장이었고, 지적 갈증을 축여줄 명강의名講義였고, 사랑과 진리 등 온갖 좋은 것들이었다. 나는 그런 것들로 나만의 아름다운 비단을 짤 수 있을 줄 알았다. 그러나 막 베틀에 앉아 내가 꿈꾸던 비단은 한 뼘도 짜기 전에 무참히 중턱을 잘리고 말았다. 전쟁은 그렇게 무자비했다. 그래도 나는 살아남았으니까 다른 인생을 직조할 수도 있었지만 내가 당초에 꿈꾸던 비단은 아니었다. 내가 꿈꾸던 비단은 현재 내가 실제로 획득한 비단보다 못할 수도 있지만, 가본 길보다는 못 가본 길이 더 아름다운 것처럼 내가 놓친 꿈에 비해 현실적으로 획득한 성공이 훨씬 초라해 보이는 건 어쩔 수가 없다.

못 가본 길에 대한 새삼스러운 미련은 노망인가, 집념인가. 올해가 또 경인년이기 때문인가, 5월이란 계절 탓인가, 6월이 또 오고 있기 때문인가. 나는 누구인가? 잠 안 오는 밤, 문득 나를 남처럼 바라보며 물은 적이 있다. 스무 살에 성장을 멈춘 영혼이다. 80을 코앞에 둔 늙은이이다. 그 두 개의 나를 합치니 스무 살에 성장을 멈춘 푸른 영혼이, 80년 된 고옥에 들어앉아 조용히 붕괴의 날만 기다리는 형국이 된다. 다만 그 붕괴가 조용하고 완벽하기만을 빌 뿐이다.

내 식의 **귀향**

친정 쪽은 휴전선 이북이고, 시댁 쪽은 대대로 서울서도 사대문 안을 벗어나서 살아본 적이 없다는 걸 은근히 으스대는 서울 토박이라 명절이 돼도 돌아갈 곳이 마땅치 않다. 금년엔 좀 덜했지만 추석 때마다 전국의 도로란 도로가 엄청나게 정체하는 광경을 TV로 보면서 '돌아갈 곳이 없어서 얼마나 다행인가' 마음으로부터 그렇게 생각했고, 아이들한테까지 그것으로 생색을 내곤 했다. 마치 집 없는 거지가 남의 집 불타는 걸 고소하게 구경하면서 제 자식들에게 "너희들은 집이 없어 불 날 걱정 안 해도 좋으니 얼마나 좋으냐, 다 애비 덕인 줄 알아라" 했다는 옛날이야기 속의 거지아범처럼 말이다.

　마당에서 한때 하늘을 뒤덮을 듯이 무성하던 나무들이 작은 바람에도 우수수 잎을 떨구고 있다. 흙에서 난 것들이 그 근원으로 돌아가고 싶어 하는 건 아무도 못 말린다. 사람도 설령 나고 자란 데가 흙을 밟을 수 있는 시골이 아니라 해도 추석이 되면 조상의 묘나 집안 내의 연로한 어른들을 찾아뵙고 눈도장이든 몸도장이든 찍고 와야 사람 사는 도리를 다한 것처럼 편안해진다. 이제 많이 살아 친인척 간에 제일 연장자가 됐으니 가만히 앉아서 자식들이나 손자들을 맞는 입장이 됐다고 해도 도리를 못다 한 것 같은 아쉬움이 어찌 없겠는가. 아니, 그건 도리가 아니라 그리움일 것이다. 저 지는 잎들이 어찌 섭리만으로 저리도 황홀하고 표표하게 몸을 날릴 수 있겠는가.

　이 세상에 섬길 어른이 없어졌다는 건 이승에서의 가장 처량한 나이다. 만추晩秋처럼. 돌아갈 고향이 없는 쓸쓸함, 내 정수리를 지그시 눌러줄 웃어른이 없다는 허전함 때문이었을까. 예년에는 한 번 가던 추석 성묘를 올해는 두 번 다녀왔다. 한 번은 벌초를 겸해 대가족을 이끌고 다녀왔고 며칠 있다 왠지 혼자 가고 싶었지만 차 없이 갈 수 없는 곳이라 운전자만 데리고 갔다. 남편과 아들이 잠들어 있는 천주교 공원묘지이다. 왜 혼자 오고 싶었는지 알 것 같았다. 그들이 먼저 간 지 여러 해가 지났건만 갈 때마다 가슴을 에는 듯 아프던 데가 이상하게 정답게 느껴지면서 깊은 위안을 받았다. 지대가 높아 전망이 좋은데도 산꼭대기가 아니고 골짜기라 우리 동네처럼 아늑한 것도 마음에 들었고 규격화된 작은 비석도 마음에 들었다. 비석엔 내 이름도 생년월일과 함께 새겨져 있다. 다만 몰歿한 날짜만 빠져 있다. 나의 사후 내 자식들은 큰 비석이나 아름다운 비명을 위해 고심하지 않아도 될 것이다. 여긴 어떤 무덤도 잘난 척하거나 돋보이려고 허황된 장식을 하지 않는 평등한 공동묘지이다. 그래도 우리들 것보다 조금만 더 큰 봉분과 비석을 가진 김수환 추기경님의 묘소가 멀지 않은 곳에 있는 것도 저승의 큰 '빽'이다. 다만 차도에서 묘지까지 내려가는 길이 가파른 것이 걱정스럽다. 운구하다가 관을 놓쳐 굴러떨어지면 혹시 저 늙은이가 살아날까 봐 조문객들이 혼비백산할 테고 그건 아마 이 세상에 대한 나의 마지막 농담이 되겠지. 실없는 농담 말고 후대에 남길 행적이 뭐가 있겠는가.

십여 년 전 고 정주영 회장이 소떼를 몰고 최초로 휴전선을 넘어 고향을 방문한 적이 있다. 나는 그 역사적인 장관에 크게 감동했지만 될 수 있으면 흥분하지 않으려고 애쓰면서 다음과 같은 글을 쓴 적이 있다.

정 회장은 정 회장답게 고향에 갔지만 나는 내 식으로 고향에 가고 싶다. 완행열차를 타고 개성역에 내리고 싶다. 나 홀로 고개를 넘고, 넓은 벌을 쉬엄쉬엄 걷다가 운수 좋으면 지나가는 달구지라도 얻어 타고 싶다. 아무의 환영도 주목도 받지 않고 초라하지도 유난스럽지도 않게 표표히 동구 밖을 들어서고 싶다. 계절은 어느 계절이어도 상관없지만 때는 일몰 무렵이면 참 좋겠다. 내 주름살의 깊은 골짜기로 신산함 대신 우수가 흐르고, 달라지고 퇴락한 사물들을 잔인하게 드러내던 광채가 사라지면서 사물들과 부드럽게 화해하는 시간, 나도 내 인생의 허무와 다소곳이 화해하고 싶다. 내 기억 속의 모든 것들이 허무하게 사라져버렸다 해도 어느 조촐한 툇마루, 깨끗하게 늙은 노인의 얼굴에서 내 어릴 적 동무들의 이름을 되살려낼 수 있으면 나는 족하리라.

그분이 철통같은 분단의 장벽을 뚫고 낸 물꼬는 마침내 금강산 관광, 개성 관광까지 이어졌고 나도 금강산 관광까지는 다녀왔지만 개성 관광엔 저항을 느꼈다. 어떻게 고작 6~7킬로미터 밖에 선영先瑩이 있는 고향 마을을 놔두고 개성 구경을 할 수 있겠는가. 그래서 개성 관광을 제안 받았을 때 나 홀로 경로 이탈을 해서 고향 마을 박적골에 다녀오고 싶다는 소원을 말해봤지만 이루어지지 않았다.

돌이켜보면 내가 살아낸 세상은 연륜으로도, 머리로도, 사랑으로도, 상식으로도 이해 못 할 것 천지였다.

유년의 뜰

새벽에 눈만 뜨면 마당으로 나간다. 마당에만 나가면 한두 시간이 후딱 간다. 해 뜨기 전에 흙과 풀이 가장 부드럽고 냄새도 좋다. 잔디 사이에 퍼진 토끼풀, 민들레, 괭이밥, 잔디를 닮은 잡초들을 제거하기에 가장 좋은 시간이다. 잔디하고 비슷하게 생긴 풀은 그냥 내버려 둬도 좋으련만 왜 그렇게 기를 쓰고 제거하려는 건지. 주위가 가지런하기를 바라는 정리벽 같은 것도 있고, 남들로부터 잔디 잘 가꾸었다는 칭찬을 듣고 싶은 허영심도 있을 것이다. 올해처럼 강우량이 많으면서도 해 나는 날은 엄청 무더운 여름 동안 흙의 생산성은 나의 노쇠

한 노동력으로 당해내기 버겁다. 그러나 흙을 상대로 하는 육체노동에는 원초적인 평화와 행복감 같은 게 있다. 무엇보다도 하루가 안심스러워진다.

잔디뿐 아니라 일년초를 심을 수 있는 자투리땅도 있고 머위, 부추, 박하, 들깨, 도라지 등 식용할 수 있는 산야초가 잘 자랄 수 있도록 격리해놓은 보호구역도 있다. 나무들도 여러 그루 있다. 백 평이나 될까 말까 한 땅에 이런 다양한 식물들이 뿌리내리고 살려니 저희들끼리 땅 위에서는 햇볕을, 땅 밑에서는 수분과 양분을 더 많이 차지하려고 다투는 싸움이 치열하다. 풀들의 세계에서도 내가 업신여기고 제거하고 싶어하는 잡초들은 악착같이 번식하여 씨 뿌리고 돌보는 화초들의 영역을 침범하고 못살게 군다. 흙은 씨 뿌리지 않은 땅에서도 뭔가 푸르른 것을 생산해내지 그냥 노는 꼴을 못 본다. 집 대문에서 현관으로 올라오는 길을 돌로 깔고 이음새를 시멘트로 발랐는데 지은 지 십 년을 넘기면서 군데군데 시멘트가 떨어져 나갔다. 그 3밀리미터도 안 되는 이음새에 먼지인지 흙이 고이면서 거기서 푸른 것이 돋기 시작했다. 처음엔 그게 신기하고 예쁘기만 하더니 금년엔 거기서 돋은 잡풀에서 작은 꽃

까지 피면서 이음새가 벌어지기 시작했다. 흙은 그렇게 힘이
세다. 흙과 씨가 힘을 합해 돌을 이겨먹는 현상을 보면서 나는
누구 편을 들 것인가. 아마도 미장이를 불러서 어그러진 돌을
바로 잡고 이음새에 다시 시멘트를 바르게 될 것이다.

시멘트와 철근의 숲에 멀미를 내고 시골과 비슷한 교외 마
을을 택했다고는 하지만 현관문만 열면 바로 흙을 밟을 수 있
는 앞마당도 마음의 고향일 뿐 삶의 현장은 아니다. 그래도 살
아가면서 신기한 것은 우리 마당이 저절로 내 유년의 뜰을 닮
아간다는 것이다. 이 집을 보자마자 마음에 들었던 것은 커다
란 살구나무 때문이었다. 내 고향 집에도 살구나무가 있었고
그건 그 마을 유일의 살구나무여서 봄에 그 꽃이 활짝 피면 온
동네가 다 환해졌다. 그러나 나에겐 슬픈 꽃이기도 하다. 고모
가 시집갈 때도 슬펐는데 시집간 고모는 참을성이 부족했던지
툭하면 보따리를 싸가지고 친정으로 도망을 오곤 했다. 도망
을 오면 할아버지가 무서워서 대문으로 못 들어오고 안채에서
뒷간 갈 때 쓰는 쪽문 밖 살구나무 밑에서 안의 눈치를 보며
서성거렸다. 사돈집과 뒷간은 멀찌감치 있어야 한다는 당시의
법도에 따라 우리 집 뒷간도 쪽문 밖 살구나무를 지나 작은 개

울까지 건너 텃밭머리에 있었다. 고모가 살구나무 밑에서 서성이고 나면 집안에 한바탕 난리가 났다. 할아버지는 당장 쫓아 보내라고 하고 할머니는 사위가 와서 싹싹 빌기 전엔 못 보낸다고 딸을 끼고 돌았다. 고모는 할머니의 외딸이었다. 늘 할머니가 이겼다. 할머니가 이길 수 있었던 것은 아마 곧 고모부가 데리러 와서 할머니에게 빌었기 때문이었을 터이니 고모 내외는 그닥 사이가 나쁜 것은 아니었던 모양이다.

살구나무가 반가워서 마음에 든 집은 너무 낡아서 새로 짓지 않으면 안 되었다. 현대식 건축이라는 게 땅을 많이 파헤치게 돼 있어서 전부터 있던 나무들은 거의 다 없어졌지만 나는 특별히 부탁해서 살구나무만은 다치지 않게 했다. 살구나무 빼고 내가 구상한 마당은 해외여행 하면서 본 서양의 교외 주택가의 넓은 잔디밭과 잔디밭에 푸르름을 수놓듯이 장식한 색깔이 화려하고 세련된 서양 화초들이었다. 요즘은 화훼花卉 수입도 어찌나 활발하고 신속한지 봄에 양재동이나 고덕 쪽에 나가보면 서양에서 구경한 온갖 화초들을 다 만날 수 있다. 나도 처음 몇 년은 그런 것들을 사다가 마당을 화려하게 수놓았다. 몇 년 동안 그 짓을 하다가 곧 싫증이 나기 시작했다. 수입

35

화초들은 어떻게 된 게 다음 해에 심을 씨도 받을 수가 없고, 뿌리에서 다시 나지도 않는다. 해마다 사서 심도록 화훼 수입 업자들이 그렇게 종種을 조작한 것이 아닐까 싶은 기분 나쁜 의심이 생기니까 죄 없는 수입 화초들까지 덜 예뻐지기 시작했다. 안 사다 심는다고 놀고 있을 흙이 아니다. 언제 어떤 경로로 우리 마당에 들어왔는지 확실치 않은 토종 화초들, 봉숭아, 백일홍, 상사초, 벌개미취, 꽈리들 천지가 되고 말았다. 다 내 유년의 뜰에 있던 것들이다. 우리 마당의 흙은 비행기 타고 온 종보다는 바람 타고 온 종을 더 반기는 것인가. 옛날 옛적에 떠난 내 유년의 뜰이 나를 따라온 것인가.

나이 들면서 해외여행보다는 국내여행을 선호하게 되는 것도 지금은 인위적으로 격리돼 돌아갈 수 없게 된 고향에 대한 상실감을 달래기 위함이 아닐는지. 그래서 이름난 명승지나 사람들이 바글대는 관광지보다는 그런 수선스러운 변화의 물결이 비켜간 산골의 외딴 동네에 더 마음이 끌리게 된다. 그런 동네들은 소박하다기보다는 인기척 없이 퇴락해서 나도 잠시 물질이 아닌 넋이 된 것처럼 이 집 저 집 빈집에 남은 남루한 살림의 흔적들을 기웃대기도 하고 툇마루에 앉아 무너진 돌담

너머로 넝쿨 식물들이 끼고 도는 장독대와 멀리 자운영 꽃이 질펀한 들판을 바라보기도 한다.

국내여행으로 자주 가도 싫증이 안 나 거의 매년 가다시피 해서 고향처럼 느끼게 된 곳이 있는데 섬진강 가의 여러 마을이다. 매화다 산수유다 해서 도시 사람들을 끌어모으는 관광철의 관광지 말고, 그런 계절적 호들갑과 무관한 지역이 사실은 더 많다. 그런 이름 없는 마을들에 정을 들이고 때때로 그리워하기까지 하게 된 데에는 그쪽에 갈 때마다 동행해준 순천대학의 K 시인의 친절한 안내 덕이 크다. 해외여행도 가이드를 잘 만났느냐 못 만났느냐에 따라 그 인상이 사뭇 다르듯이 K 시인의 향토 사랑이 나에게 옮아 붙지 않았다면 그쪽이 그리운 고장까지 되지는 못했을 것이다.

올봄에도 한 차례 그쪽을 다녀왔는데 이번에 K 시인이 나에게 보여주고 싶어 한 곳은 섬진강 상류 곡성의 한 마을이었다. K 시인은 한때 그 마을에 유하면서 글을 쓴 일이 있노라고 했다. 그래서 마을 사정에 훤했다. 호수戶數가 많지는 않았지만 집집마다 번듯하고도 품격이 있는 게 선비의 기품과 밥술이나 먹고 살았을 부티 같은 걸 겸하고 있었다. 지대가 높고 전망 좋은 곳에 작지만 뼈대가 단단한 서원까지 남아 있었다. 서원 마루에서 동네를 굽어보고 나서 내려오면 두 채의 덩그런 기와집이 나란히 자리 잡고 있는데 인기척에도 내다보는 이는 없었지만 출타 중일 뿐 아주 빈집은 아닌 것 같았다. 두 집 다 자손들은 도시에 나가 살고, 짝까지 잃고 홀로 된 노인이 남아 있는데 한 집엔 남자 노인이, 한 집엔 여자 노인이 살고 있다고 했다. 우리가 그 동네를 두루 구경하는 동안 여자 노인이 돌아왔다. K 시인하고는 잘 아는 사이인 듯 서로 반가워서 어쩔 줄 모르는 게 보기 좋았다. 도시 노인 못지않게 세련된 멋쟁이 노인이었다. K 시인이 우리가 가지고 간 군것질거리를 할머니에게 드리고 옆집 할아버지는 언제쯤 돌아오실지 물었지만 할머니는 그걸 난들 어찌 알겠느냐는 투로 손사래를 쳤다. 그 태도는 할머니가 특별히 이웃에 무관심해서가 아니라 옆집 할아버지의 생활이 그만큼 종잡을 수 없다는 걸로 보였다.

할머니가 댁으로 들어가신 후 K 시인이 그가 알고 있는 할아버지에 대해 이야기해주었다. 시인이 알기로는 그 노인은 거의 밥을 안 자시고 삼시를 술만 먹고 산다고 했다. 그래도 소리도 잘 지르고, 가고 싶은 데 가는 데 아무 지장이 없을 만큼 근력이 여전하다고 했다. 집 규모나 표정으로 봐서 농토도 많이 있고 도시로 나간 자녀들도 다 살 만하지만 절대로 자식들한테 얹혀살 것 같지 않은 고집 센 노인임에 틀림이 없을 것 같았다. 농토가 얼마나 남아 있는지는 잘 모르지만 한때 노인이 닭을 여러 마리 쳤다고 한다. 동네 사람들이 다 그 집 닭인 줄 알아서 쳤다고 하는 것이지, 놓아 기르면서 모이 한번 제대로 준 적이 없었다. 온종일 돌아다니면서 마을 채마밭을 망치기도 하며 알아서 모이를 구하다가 저녁이면 그래도 그 집 홰대에 올라 잠을 잤는데, 어느 틈엔지 차차 숫자가 줄어 지금은 한 마리도 안 남았다고 한다. 아마 시골 인심도 예전 같지 않아지면서 할아버지네 닭들도 마을 사람들과 지나가는 길손의 공공의 씨암탉이 되어 소멸해버렸을 것이다.

소도 있었다고 한다. 소가 있을 때는 할아버지가 손수 농사를 지었을까. 아니면 머슴을 두었을까. 소를 애완용으로 기르지는 않았을 게 아닌가. 소가 송아지를 낳았다고 했다. 암소였던 모양이다. 송아지가 젖 떨어질 무렵 우시장에 내다 팔았다고 했다. 할아버지는 목돈을 챙겼을 것이다. 새끼를 잃은 어미소가 여물도 안 먹고 슬피 울었다고 했다. 할아버지는 다시 우시장으로 가 당신의 송아지를 사간 이를 수소문해 찾아내어 손에 쥔 목돈에다 웃돈을 얹어서 되사왔다고 했다. 내가 그 소리에 감동했던 건 처음 들어보는 소리가 아니었기 때문이다. 어디선가 들어본 소리, 우리 시골에서도 그런 일은 드물지 않았다. 매사를 자연 질서 그대로 지키며 살았던 시대에나 있을 수 있는 일이었다. 그럼 내가 근래에 〈워낭 소리〉를 보면서 느낀 감동은 뭘까. 그건 아마도 끝까지 노동력을 착취당하고 인간처럼 자연사해서 인간처럼 무덤을 가지게 된, 그러나 자연 질서에는 어긋난 삶을 살다 간 소에 대한 측은지심이었을 뿐 인간에 대한 감동은 아니었다.

인간의 참다움, 인간만의 아름다움은 보통사람들 속에 아무렇지도 않게 숨어 있는 것이지 잘난 사람들이 함부로 코에 걸고 이미지로 만들 수 있는 건 아닐 것 같다. 문학의 이름으로 추구하는 건 진실인가. 말로 표현된 것의 자유와 한계, 읽히고 싶다는 욕망 때문에 조작한 이미지, 경박한 과장, 분식에 불과한 것일지도 모른다는 생각이 든다.

그날 안으로 집으로 돌아와야 하는 일정 때문에 할아버지를 마냥 기다리고 있을 수만은 없었다. 할아버지하고 꼭 술 한잔 같이 하고 싶었는데. 그런 바람은 그날 해 안에만 유효한 것이지 다시 또 그 고장을 찾아 할아버지를 만나고 싶은 생각은 없다. K 시인의 말을 듣고 내가 조작한 이미지를 실물에 의해 훼손당하고 싶지 않기 때문이다.

흐르는 강가에서

　서울 살다가 경기도로 거주지를 옮긴 건 서울 사람이 된 지만 60년 만이었다. 남다른 교육열과 도시 지향적인 엄마를 따라 상경한 게 여덟 살 때 일이고, 지금 살고 있는 경기도 구리의 산골짜기 마을로 이사를 한 게 내 나이 예순여덟 살 되는 해였으니까. 작금의 이 나라의 민심은 노소를 가리지 않고 그 옛날의 우리 엄마보다 훨씬 더 도시, 특히 서울 지향적이다. 젊은이들은 아이들 교육을 위해서라지만 늙은이도 마찬가지인 게 교통편이 좋고 편의시설이 가까운 도심에 살아야 자식들한테 걱정을 덜 끼치고 홀로서기를 할 수 있기 때문이다. 그때까지 내가 살고 있던 아파트도 그런 면에서는 나무랄 데 없는 조건을 갖춘 곳이었기 때문에 그때 내가 아무한테도 의논하지 않고 단독으로 저지른, 탈脫 서울의 용단은 내 자식들도 이해할 수 없는 돌출행위였다.

이 동네에 처음 와보고 반한 것은 아마도 내 고향 마을과의 유사성 때문일 것이다. 고향 마을도 나지막한 동산이 삼면을 삼태기처럼 감싸 안은 동네였다. 마을 서북쪽 산은 높고 남쪽은 산이라기보다는 숲에 해당하는 동산이어서 양지바르고 아늑하고, 동쪽으로는 넓은 벌판이 부챗살처럼 퍼지면서 그 끝으로 개울이 흘렀다. 정지용이 읊은 시, "넓은 벌 동쪽 끝으로 옛이야기 지즐대는 실개천이 휘돌아 나가고……"에 딱 들어맞는 지형이었다. 그건 시인의 고향과 내 고향의 유사성이라기보다는 산이 많고 그 사이사이에 평야가 분포한 우리나라 농촌 마을의 전형 때문인지도 모르겠다. 우리 고향 마을 동쪽 끝을 흐르던 개울은 실개천은 아니고 꽤 큰 개울이었다. 곧 큰 저수지와 만나기 직전이었기 때문이다. 갈수기 때는 마을에서는 잘 안 보였지만 장마가 지면 내 가슴까지 차오를 것처럼 불어났다. 장마철은 거의 여름방학 동안이어서 겨울에는 안 보이던 개울이 불어난 걸 보면 무서워서 가슴이 두근거렸다.

이 마을에서 바라본 한강은 장마철에 부풀어 오른 고향 마을의 개울물 정도로밖에 안 보였다. 2킬로미터 정도의 거리도 있었고 무엇보다도 시야를 가리는 어떤 장애물도 없었기 때문이다. 무서워서가 아니라 친근감으로 가슴이 울렁거렸다. 서울에서는 아파트라는 거대한 시멘트 기둥을 의식하지 않고 한강을 조망하기란 거의 불가능하다. 한강을 조망할 수 있는 위치에 반해서 충동적으로 헌 시골집을 한 채 장만했고 그 후 벼르기만 하는 사이에 집은 더욱 퇴락해서 결국 헐고 다시 짓고 이사를 단행한 지 십 년 남짓 된다. 그 십 년 동안은 내가 한강과 친해지고 즐기고 감동한 세월이라고 해도 과언이 아니다. 집은 공식대로 남향으로 앉혔지만 거실은 남쪽 창을 동쪽으로 ㄱ자로 꺾어 한강을 조망할 수 있게 했다. 집에 처음 오는 손님이 앞의 숲만 보고 공기 좋겠다고 칭찬을 하면 더 칭찬이 듣고 싶어 동쪽 창으로 한강을 보게 한다. 한강은 어느 날은 칭찬을 들을만하고 어느 날은 그렇지 못하다. 흐린 날씨가 아닌데도 공기가 불투명한 날은 한강이 잘 안 보인다. 집에서 보는 한강이 가장 아름다울 때는 해 뜰 무렵이다. 강 건너로는 순한 짐승이 엎드려 있는 것처럼 능선이 부드러운 산봉우리들이 보이고 그 사이로 해가 불끈 솟으면 수면이 금빛으로, 은빛으로 때로는 주황색으로 부서진다. 물속을 노닐던 신비한 물고기가 잠시 그 아름다운 비늘을 드러내 보여준 것처럼 그 순간은 짧다. 짧지만 그런 날은 뭔가 좋은 일이 있을 것만 같고, 몸도 온종일 개운하지만 황사나 안개에 가려 안 보이는 날은 몸도 마음도 울적하게 가라앉는다.

공기가 투명할 때는 매일 다른 물빛까지 구별할 수 있다. 장마가 지거나 폭우가 내린 후에는 당연히 한강물도 황토 빛으로 변하여 거칠게 뒤챈다. 추위가 혹독해 결빙하는 해는 비닐로 덮어놓은 것처럼 움직임 없는 회색빛이던 한강이 어느 날 햇빛에 부서지는 물결을 보여주면 어쩔 수 없이―강물이 풀리다니/강물은 무엇하러 또 풀리는가/우리들의 무슨 서름 무슨 기쁨 때문에/강물은 또 풀리는가―로 시작되는 서정주의 「풀리는 한강 가에서」를 읊조리게 된다. 시인은 아마 그 시를 전후戰後에 썼으리라. 전쟁을 겪은 세대만이 한강과 더불어 공유할 수 있는 우울과 한탄이 짙게 깔려 있다. 전쟁 때 다리 끊긴 한강, 얼어붙은 한강은 군인뿐 아니라 수많은 양민들의 운명과 생사의 갈림길이었다.

어찌 근세사에서뿐일까. 집에서 본 한강이 시냇물이나 호수처럼 만만해 보이는 것과는 딴판으로 마을을 감싸고 있는 아차산에 올라가서 내려다본 한강은 도도하고도 유유하다. 삼국 중 영토가 가장 광대했던 고구려가 왜 한강유역의 땅을 그렇게도 탐냈던가를 한눈에 알 수가 있다. 고구려는 도읍을 평양으로 옮기고 나서 한강유역을 차지하려고 백제를 침공한다. 아차산을 요새로 삼은 고구려는 치열한 전투 끝에 마침내 그 유역 땅을 차지하고 백제의 웅진 천도를 불가피하게 했다. 그 후에도 삼국 간에는 한강유역을 차지하려는 전투가 그치지 않았다. 그만큼 한강유역의 땅은 기름지고 교통이 편하고 기후가 순후했던 것 같다. 암사동 등 한강유역의 땅에서 우리나라에서 가장 오래된 사람들의 삶의 터전, 선사시대 유물이 대량으로 발굴되는 것만 봐도 알 수가 있다.

아차산에는 능선을 따라 지금까지도 고구려 보루성 터가 남아 있고 십여 년 전 발굴을 끝낸 유물들은 고구려 박물관이 신축되기를 기다리며 현재는 서울대 박물관에서 보관중이라고 한다. 발굴을 끝내고 나서 서울대에서 그걸 공개한 적이 있는데 나는 그때 본 그 유물들이 중국 지안集安 박물관에서 본 고구려 시대 무기, 생활용품과 너무도 유사한 것에 놀란 적이 있다.

국운이 융성하고 태평할 때는 중국과 교역로로, 전쟁 때는 천연의 해자垓字 구실을 하던 한강을 가장 친근하고 사랑스럽게 볼 수 있는 데는 경기도 구리시에서 관리하는 한강둔치가 아닌가 한다. 한강의 속삭이는 물소리까지 잡힐 듯 인접한 산책로도 있고, 자전거 길도 있고, 몇십만 평에 이르는 광대한 둔치에는 봄의 유채꽃을 비롯해서 여름의 백일홍, 달리아, 가을의 코스모스까지 사철 꽃이 그치지 않는다. 끝이 안 보이는 꽃밭을 보면 바로 서울과의 접경지대에 이런 선경이 있다는 게 믿어지지 않는다. 휴일에 부모 손을 잡고 나온 어린 꽃 구경꾼들이 꽃밭 사잇길을 희희낙락 뛰노는 걸 보면 화초가 더 예쁜지 인人화초가 더 예쁜지 분간이 잘 안 된다. 돈 내고 타는 아찔한 탈것이 많은 이름난 놀이시설에 길게 줄 서 있는 아이들보다 훨씬 건강하고 행복해 보인다. 무엇보다도 한강 가엔 무조건 아파트가 있어야 하는 것처럼 여겨온 통념을 어기고 아무렇지도 않게 무심히 꽃을 피우고 있는 땅이 고맙고 한강한테도 덜 미안하다.

광나루에서 구리 방향으로 난 국도를 타고 가다 워커힐을 지나면 곧 경기도라는 도계 표지판이 나온다. 그 43번 국도는 도계를 전후해서 커브 길이 심하지만 오른쪽으로는 유유히 흐르는 한강을 끼고 있어 차 속에 앉아 있어도 숨통이 트이고 기분이 상쾌해진다. 도계를 지나 차로 5분 안에 길이 Y자로 갈라지는 지점이 나온다. 오른쪽 길이 양평 가는 길이다. 뚜렷한 목적지 없이 반나절 정도의 드라이브로 기분전환을 하고 싶다면 양평 가는 길로 붙을 일이다. 가다가 또다시 길이 여러 갈래로 갈릴지라도 계속해서 오른쪽 길로 붙어야 한다. 그래야 한강을 놓치지 않는다. 잘못 붙으면 기나긴 굴속으로 들어갈 수도 있다. 굴만 벗어나면 다시 한강을 낀 길을 찾을 수도 있지만 그동안이 아까울 만큼 서울에서 멀어질수록 한강이 아름다워진다. 계절 따라 아름답고 지역에 따라 아름답다. 대안의 경치가 특히 환상적이다. 그 길이 남한강과 북한강이 합쳐지는 두물머리에 이르면 아름다운 강은 위대한 강으로 변한다. 이건 강이 아니라 바다다. 유럽을 여행하면서 본 유럽문화를 꽃피운 온갖 강들의 이름을 떠올리며 애개개 그것도 강이라고…… 무시해주고 싶은 치기까지 발동한다. 그런 기분은 아마도 유럽문화에 압도된 상처나 열등감의 반작용일 수도 있겠으나 우리 민족 본연의 호연지기일 수도 있으리라.

엄밀하게 말하면 거기까지가 한강이고, 한강으로 합쳐지기 전까지 흘러온 두 개의 큰 강은 남한강과 북한강이라는 다른 이름을 가지고 있고 그 발원지도, 받아들인 지류도 각각 다르다. 위대한 강, 한강을 이룬 두 개의 큰 줄기 남한강과 북한강을 함께 보려면 양수교를 건널 일이다. 양수교를 넘으면 남한강과 북한강 사이에 넓고 살기 좋은 양평 땅이 나오고, 두 강이 합쳐지면서 생긴 삼각형 육지의 꼭짓점에 서볼 수도 있다. 요즘에는 그 근방 일대가 온갖 종류의 연꽃밭으로 개발되어 여름이면 꽃 구경꾼으로 붐비지만 전에는 그 꼭짓점만으로도 명소였다.

새로운 결혼풍속으로 신랑 신부가 결혼식 전에 미리 웨딩촬영이라는 걸 한다. 최근에는 사진발이라는 걸 극대화시키려고 스튜디오 내에서 촬영을 하는 쪽으로 바뀌었지만 몇 년 전까지만 해도 야외촬영이 주였다. 신랑 신부가 결혼식 때 입는 것과 똑같이 차려입고 주로 사진이 잘 나올 데를 골라 다니면서 사진사가 하라는 대로 온갖 포즈를 취하며 사진을 찍는 것을 도심에서도 심심찮게 볼 수 있었다. 도대체 저기가 뭐가 좋다고 저런 데서 사진을 찍나 이해가 안 되는 배경 앞에서 꼭두각시처럼 사진사의 지시에 따라 얼싸안기도 하고 입도 맞추는 걸 보면 저 꼴 안 보고 예전에 딸자식들 여읜 게 얼마나 다행인가 싶을 정도로 나는 식도 올리기 전에 길바닥에서 하는 웨딩촬영에 호의적이지 못했다. 허나 유일하게 감동하고 축복해 주고 싶은 웨딩촬영이 있었는데 남한강과 북한강이 합쳐진 두물머리 꼭짓점에서 하는 촬영이었다. 몇천 년에 걸쳐 문명을 열고 평야를 적시면서 우리를 먹여 살린 두 개의 큰 강줄기가 하나로 합쳐지는 지점에서 청춘남녀가 앞날을 같이 할 징표로 사진을 남긴다는 건 예식장에서 하는 백년가약 못지않게 의미 있는 일로 여겨졌다. 꼭짓점엔 몇백 년은 되었음 직한 거목이 의젓하게 버티고 있다.

두물머리를 총체적으로 조망하려면 발품을 팔아 운길산 수종사水鍾寺까지 올라가 볼 일이다. 이 예쁜 이름의 절은 승용차로도 접근이 가능하다. 예쁜 이름대로 물속에서 들리는 종소리, 종소리인 줄 알고 찾아갔더니 동굴 속의 물소리였다는 등의 조금씩 다르지만 비슷한 창건 설화가 전해지고 있다. 크지 않은 사찰이지만 5백 년 묵은 두 그루의 은행나무가 위엄 있고 우아하게 그리고 부부처럼 정답게 버티고 서 있다. 절에는 녹차를 거저 얻어마실 수 있는 다실도 있다. 다실에 앉으면 두물머리의 전경을 조망할 수 있다. 때가 가을이라면 숨 막히도록 찬란하게 물든 은행나무를 볼 수도 있고, 바람까지 분다면 아낌없이 낙엽 지는 거목의 처연한 순명順命에 옷깃을 여미면서 맑은 풍경소리를 들을 수도 있다. 예쁜 절 이름 때문일까, 내려다보는 두물머리의 장관 때문일까. 그 소리가 처마 끝 풍경소리 같지 않고 유구한 강물 속에 가라앉은 종소리처럼 들린다.

두물머리까지의 한강을 주로 쌩쌩 달리는 차 안에서 조급하고 쾌적하게, 때로는 정체하는 도로사정 때문에 오히려 마음 한가롭지 못하게 즐긴 게 아쉽다면 다시 한 번 양수교를 건너 가평 가는 길로 북한강을 왼쪽으로 끼고 거슬러 올라가면 된다. 지금까지 온 국도보다 훨씬 한적하고 한강과 친근하다. 그 일대 서종면에는 들러보고 싶은 갤러리도 많아 차를 세우고 얼마든지 한눈을 팔 수 있다. 서종면 문호리에서는 차를 버리고 한강을 바로 옆구리에 끼고 걸을 수 있는 나루터 길도 있다. 그 나루터 길은 정말로 아름답다. 강을 향해 들어선 별장 풍의 환상적인 집들을 감상하는 것도 그 길을 걷는 낙이다. 아무리 좋아 보여도 그런 집을 갖기를 소망하기에는 너무 늦어버렸다. 대신 그런 집 중 제일 마음에 드는 집 한 채를 찍고, 그 집 주인이 친한 친구여서 허물없이 문을 두드리고, 차 한 잔을 얻어 마실 수 있었으면……. 그 친구가 그 집에 상주하지 않는다 해도 나에게 여벌 열쇠를 하나 맡겨준다면 때때로 그 열쇠를 만지작거리는 것만으로도 자유의 기쁨을 맛볼 수 있을 것 같다는 공상을 해본다.

그러나 어찌 빼어난 경치만 가지고 한강을 감히 위대한 강이라고 말할 수 있겠는가. 수종사에서 내려와 양수교를 건너지 않고 가던 길로 계속해서 북한강을 오른쪽으로 끼고 갈 수 있는 길로 접어들면 다산유적지 표지판이 나온다. 한강을 놓치지 않고 표지판만 따라가다 굴다리 밑에서 오른쪽으로 급커브를 하면 능내리 마재馬峴 땅이 나온다. 마재는 정약전, 정약종, 정약용 형제의 고향이자, 그 아랫대에서는 성인(정하상) 성녀(정정혜)를 배출하기도 한 한국천주교회의 요람지 중 하나이다. 다산 유적지 못 미쳐서 오른쪽으로 마재성지 들어가는 길이 나오고 다산 생가터와 묘소는 좀 더 앞으로 한강 가까이 왼쪽에 있다. 다산이 거기서 태어나서 어려서는 거기서 물장구치고 놀다가 소년이 되어서는 두물머리까지 가서 고기도 잡았을 것이고 과거 보러 서울 갈 때는 거기서 배를 타고 갔을 것이다. 배를 타고 가다가 강물이 얕아지면서 바닥에 깔린 암석 때문에 배가 움직이지 못할 때는 뱃사공이 내려서 배를 밀었다는 기록도 나온다. 학문에 정진할 때는 선상에서 실학자들이나 천주학쟁이들과 토론도 했을 터이고, 나라의 답답한 운명에 대해 울분을 토로하면서 밑바닥에서 허덕이면서도 굳건히 이 나라를 받쳐주고 있는 농사나 길쌈, 수공업에 종사하는 백성들이 어떡하면 억압과 수탈을 벗어나 인간답게 살 수 있나를 진지하게 고민하고 사색했을 것이다.

다산 유적지에는 다산의 묘소하고 생가터에 기중기起重機 등 몇 가지 간단한 다산의 발명품만 전시돼 있다가 그 후 실학박물관이 되면서 실학사상뿐 아니라 실학의 형성과정 전개 등 디지털화돼 실학자들의 방대한 업적을 누구나 단편적이지만 쉽게 접할 수가 있게 되었다. 어떻게 그들은 그때 그런 생각을 할 수 있었을까. 그들이 남긴 업적, 활동, 저서, 어록 등은 지금 우리 정치인들에게 해주고 싶은 말이고, 소박하지만 소박해서 더욱 신실한 자유민주주의 사상 그 자체이고 사회주의와 자본주의의 행복한 화해이다. 그리하여 그들 실학자들은 당대의 모순이나 부패를 고민한 게 아니라 자식의 자식 대代 손자의 손자 대까지 내다보고 고민한 것처럼 읽힌다. 그것이 바로 같은 지식인이라도 한 치 앞의 이익에 급급한 정치가나 어용학자들과 진정한 지식인의 다른 점이고 선각자의 엄혹한 운명일 것이다. 아무리 경치가 빼어나도 자연 그 자체만으로는 감히 위대하다고는 말 못하겠는데 한강을 그렇게 부르고 싶은 것은 위대한 사상의 발상지를 끼고 있고 그들이 오간 물길이었기 때문이다. 위대한 강의 원형이 더는 훼손되지 말았으면싶다.

나는다만
바퀴 없는 이들의 편이다

　이 글은 지난해 김훈의 『남한산성』을 읽으면서 경험한 기이한 추위에 관한 서술일 뿐 서평은 아니다.

　늦추위가 있을지는 몰라도 아직까지는 여느 해보다도 따뜻하다. 겨울이 춥지 않으면 해충들이 월동을 해서 다음 해는 농작물이나 인간에게 해를 끼칠지도 모른다는 노인네들의 걱정은 북극의 빙하가 녹아 사람 살 땅이 급격하게 줄어들고 있다는 대재앙의 예고 앞에서는 한낱 사소하고 진부한 구시렁거림에 지나지 않게 되어버렸다.

　기상대에서 나온 통계에 의하지 않더라도 누구나 동의하는 이상난동이나마 시작되기 전이었으니 아마도 달력상으로는 만추에 해당하는 계절이었을 것이다. 『남한산성』을 읽게 된 것은.

지금 사는 땅집으로 이사 오기 전엔 송파 쪽에 있는 아파트에서 이십 년 가까이 살았다. 거기 사는 동안에 올림픽공원이 새로 생겼지만 내가 자주 바람 쐬러 가던 곳은 남한산성이었다. 걸어가기엔 버거운 거리였지만 같은 단지에 사는 딸네 차를 이용하면 잠깐이면 다녀올 수 있는 거리여서 시골이라는 느낌과 근린공원 같은 친근감을 함께 맛볼 수 있는 곳이었다.

남한산성 말고도 책에 자주 나오는 송파나루나 와부, 삼전도가 나의 행동반경 안에 드는 친숙한 지명이었다고 해도 병자호란의 치욕과 연관시켜 생각해본 적은 없었다. 삼전도에서 무슨 일이 있었는지 아주 모르지는 않았지만 그따위 비碑 무시하고 외면해버리면 그뿐이었다. 우리는 어느 나라에 가서도 꿀릴 것이 없는 경제대국이 돼가고 있는데 그 옛날의 대국의 왕인지 칸인지한테 당한 굴욕쯤 나 몰라라 해도 그만이었다. 역사의식이 없기로 치면 남한산성에 대해서는 더했다. 집에서 가까운 잘 보존된 자연은 아파트에 사는 답답함에 큰 위로가 되었다. 자꾸자꾸 개발되어 아파트 단지가 돼가는 주위환경을 보면서 남한산성도 사적지만 아니었으면 저 꼴이 됐을지도 모른다는 생각으로 거기 광대한 지역을 잘 조성된 산성이 차지하고 있다는 걸 크나큰 축복처럼 여기기까지 했다.

이웃한 딸네서 손녀가 태어나고 그 애가 아장아장 걷기 시작하면서 주말이면 딸네와 어울려 남한산성을 더 자주 가게 되었다. 아파트에서 태어난 아이라 열린 자연이 아닌 성곽으로 보호되고 관리되는 한정된 자연 안에 풀어놓고 바라보면 안심이 되었다. 봄 여름 가을 없이 자연은 부지런히 옷을 갈아입고 아이는 어떤 꽃보다도 예쁘게 자랐고, 시냇물 소리보다 더 즐겁게 웃었다. 나도 따라서 자주 웃었다. 내가 다시 마음으로부터 우러나는 웃음을 웃게 될 줄이야. 아마 외아들을 잃은 지 삼 년쯤 될 무렵이었을 것이다. 참척의 고통을 겪으면서 내가 앞으로 마음으로부터 우러나는 웃음을 웃게 될 줄은 꿈에도 몰랐다. 내가 잃은 기둥에 비해 그 아이는 겨우 콩꼬투리만 하였으나 생명의 무게에 있어서는 동등했다. 생전 위로받을 수 없을 것 같은 슬픔이 새로운 생명에 의해 위로받고 있다는 사실에 나는 속수무책이었다.

산성에 들어갈 때는 성남 쪽 문으로 들어갔다가 집에 돌아올 때는 하남 쪽으로 난 문으로 나왔다. 마방馬房집이라는 음식점에서 점심을 먹기 위함이었다. 지금은 어떤지 모르지만 그때만 해도 초라하고 작은 전형적인 시골집이었다. 우리는 그 집의 된장찌개가 있는 기본 식단에다가 장작불에 구운 쇠고기나 돼지고기를 따로 시켜먹는 소박한 입호강으로 그날의 가족나들이를 행복하게 마감하곤 했다.

그 집 방들은 칸살도 작거니와 방문도 도리가 낮고 문지방은 높아서 키가 크지 않은 사람도 몸을 구부리고 들어가야 했다. 계절에 따라서는 툇마루 도리에 메주가 매달려 있을 적도 있었다. 잘 뜬 메주의 꼬랑한 냄새가 마방집이라는 그 집의 옛스러운 이름과 잘 어울려서 그랬던가. 남한산성에서는 한 번도 생각해보지 않았던 옛날 사람들의 사는 모습에 대한 상상력을 불러일으켰다. 말 탄 선비거나 짐 실은 장사꾼이거나 영남 어디메쯤에서 길 떠난 사내들은 험한 재를 넘고 들을 지나 송파나루를 눈앞에 둔 이곳에서 비로소 마음 놓고 말도 먹이고 버선 벗고 발도 씻었으리라. 꼬랑내가 살짝 섞인 공기가 남한산성의 순수한 공기보다 오히려 감칠맛이 있었다.

소설 『남한산성』을 읽으면서 우선 반가웠던 건 내가 놀던 마당이나 다름없이 친근한 지명들이 역사의 무대였다는 사실 때문이었을 것이다. 그러나 읽으면서 나에게 실감 나게 다가온 것은 재수 나쁘게 하필 그때 왕이 된 임금의 고뇌도 아니었고, 조정에 넘치는 말, 말, 말도 아니었고, 성을 지키는 병사나 성 안 백성들의 고초도 아니었다. 추위였다. 처음엔 마음이 시린 줄 알았는데 그게 아니라 실지로 몸이 시렸다. 아직 겨울의 문턱에도 못 미친 만추였고 이상난동이 예상되는 따뜻한 가을이었으니 그건 올해의 추위가 아니라 병자년의 추위였을 것이다. 아침잠이 없는 늙은이의 습성에 따라 새벽부터 아침나절까지 아마 사흘 걸려서 그 책을 다 읽었을 것이다. 그동안 내내 춥고 서러웠다. 독감의 징조처럼 기분 나쁜 한기에 이불을 뒤집어쓰면 서러움이 목이 메게 복받쳤다. 김훈의 인정머리라고는 손톱만큼도 없이 냉정한 단문이 날이 선 얼음조각처럼 내 살갗을 저미는 것 같았다. 그건 결코 관념이 아니라 실감이었다. 병자년 추위는 기어코 나에게 감기까지 가져왔으니 말이다. 그때 든 감기는 집요하게도 석 달이나 갔다. 물리적인 어떤 가열로도 데워질 수 없는 그 혹독한 추위는 도대체 어디서부터 비롯된 것일까.

나는 그 원인을 책의 말미에서 비로소 유추해낼 수 있었다. 내가 겪은 이상하도록 집요한 추위는 병자丙子년 추위가 아니라 경인庚寅년(1950년. 6·25 나던 해) 1·4후퇴 당시의 추위였던 것이다. 1·4후퇴는 양력으로 치면 51년이지만 음력으로는 아직도 경인년이었다. 인조 임금도 음력으로 병자년 섣달에 남한산성에 들어가 그 이듬해인 정축丁丑년 정월 그믐 성을 나와 삼전도에서 청 태종에게 항복했다. 그동안 임금은 성 안 행궁의 불 땐 온돌방에서 꿩고기도 잡수시고 밴댕이젓도 드셨겠지만 성 안에도 못 들어가고 남쪽으로 피난도 못 가고 남겨진 백성들의 고초는 오죽했겠는가. 추위나 배고픔보다 더 무서운 건 제 땅이지만 제 나라 조정이 없는 세상에서 겪어야 했던 청국군의 유린과 약탈, 더 견디기 어려운 건 버림받은 외로움과 분노였을 것이다.

경인년 겨울에다가 병자년 겨울을 대입시킬 수 있는 건 날짜 말고도 또 있었다. 그건 청국군과 중공군의 동일시였고 그게 아마 더 중요했을 것이다. 6·25 때는 앉은 채로 고스란히 당한 서울 시민들이 1·4후퇴 때는 그 엄동설한에 서울을 완전히 공동화시키고 남으로, 남으로 피난을 간 것은 여름의 악몽 때문이기도 했지만 중공군이 쳐들어온다는 새로운 공포 때문이었다. 좋은 권력이건 나쁜 권력이건 약한 정부건 강한 정부건 개인이 자기 국적의 국가권력 밖으로 내던져진 기분이 어떠한 건지, 그 외로움과 공포는 겪어보지 않으면 모른다. 이 땅의 구속을 벗어나 지구를 몇 바퀴 훨훨 바람처럼 떠돌고 싶어도 여권이라는 조국의 보증서 없이는 불가능한 일이다.

경인년 여름 석 달 동안 적 치하에 있었던 서울을 수복한 우리 정부가 제일 먼저 공들여 한 작업이 시민증과 도민증의 발급이었다. 그전에는 평민들에게 따로 신분증이라는 게 없었다. 초기의 발급 목적은 양민 보호보다는 간첩이나 부역자 색출이 주목적이었던 것 같다. 심사가 까다로워 부역자로 의심받거나 고발이라도 들어오면 시민증 받기가 어려웠다.

그 무렵 중공군의 참전으로 압록강까지 북진했던 유엔군이 작전상 후퇴라는 걸 하게 되면서 서울 시민도 동요하기 시작했다. 권력자나 부자들이 먼저 서울을 떴다. 그들은 차량을 이용할 수 있는 사람들이었다. 트럭에다 아예 이삿짐처럼 가재도구를 싣고 가는 사람들도 있었다. 우리 식구는 그런 사람들을 부러워하거나 미워할 자격도 없었다. 가장인 오빠가 6 · 25 때 부역한 혐의로 그때까지 시민증이 안 나와 꼼짝 못하고 있었다. 시민증이 곧 생명줄인 시대였다. 그게 없으면 즉시 빨갱이 취급을 당하고 빨갱이는 사람도 아니었으니까. 우리 식구는 좌불안석 하루하루가 사는 게 사는 게 아니었다. 나는 나 혼자라도 식구들을 버리고 피난을 가버리고 싶은 불온한 욕망으로 몰래몰래 작은 가슴을 자글자글 졸이면서 점점 전운이 짙어가는 나날을 견디었다.

한강이 얼어붙은 엄동설한에 정부로부터 정식으로 서울시민은 모조리 남으로 피난을 가라는 후퇴령이 떨어지고 나서야 오빠에게 시민증이 발급됐다. 오빠의 족쇄가 풀린 것이다. 그러나 우리 집안에 내린 재앙은 그때부터였다. 우리가 신나게 피난 짐을 싸는 사이에 오빠는 전쟁 전에 근무하던 학교에 볼일 보러 갔다가 거기 주둔한 군부대에서 일어난 오발사건으로 양쪽 다리를 관통하는 총상을 입었다. 학교 건물에 잠시 주둔했던 군대는 부상자를 근처 병원에 입원시켜 응급조치를 받게하고 남쪽으로 철수했다. 그때 우리 식구는 오빠 내외와 연년생 조카 둘과 엄마와 나, 여섯 식구였다. 엄마와 올케는 아기를 업고 가야 하니까 가벼운 보따리나 이게 하고, 오빠와 내가 이부자리 양식 등 피난 보따리를 지던지 메던지, 운수 좋으면 손수레라도 하나 장만해 둘이서 끌고 밀던지 하려던 그럴듯한 피난행렬의 구도는 수습할 수 없이 산산조각이 났다.

군에서 오빠를 입원시킨 병원은 구파발 국도 변에 있었다. 지금도 1·4후퇴라고 불리는 마지막 후퇴령이 떨어진 날 시골 의사도 우리를 버리고 떠났다. 병원이 면한 국도에는 마지막까지 남아 정세를 관망하던 시골 사람들이 쏟아져 나와 달구지나 리어카를 끌고, 혹은 지게를 지고, 아이를 업고 걸리고, 남으로 남으로 걸음을 재촉하고 있었다. 군에서는 헬리콥터까지 동원해 피난을 촉구하는 방송을 내보냈다. 공중에서 들리는 소리는 하늘의 명령처럼 지엄했다. 가다 죽더라도 피난을 안 갈 수 없는 상황이었다.

이제 오빠는 우리 집안에서 제일 큰 짐, 나의 족쇄가 되었다. 바퀴 없이는 도저히 움직일 수 없는 거대한 짐이었다. 바퀴나 지게로 식구를 나르는 사람보다도 단신으로 걸어서 가는 피난민이 더 부러웠다. 나도 오빠만 없다면, 우리 식구만 벗어날 수만 있다면 저렇게 훨훨 날 수도 있을 것 같았다.

다행히 우리도 어찌어찌해서 바퀴 달린 손수레를 하나 구할 수 있었다. 오빠를 태우고 나는 죽을힘을 다해 사투를 벌였지만 짧은 겨울 해가 저물 무렵 겨우 무악재 고개를 넘고 나서 부실한 손수레는 바퀴가 빠지면서 내려앉았다. 구파발에서 무악재 고개를 넘기까지 나의 힘을 지탱해준 나의 희망, 나의 최종 목적지는 얼어붙은 한강이었다. 한강을 건너다가 얼음이 깨져 빠져 죽어도 좋았다. 풍문으로 한강은 꽁꽁 얼어붙은 걸로 돼 있었다. 역시 풍문으로 들리는 중공군의 만행은 시시각각 그 잔혹도를 더해갔다. 내가 거기까지라도 오빠를 밀고 올 수 있었던 건 내 힘 반, 중공군에 대한 공포감 반이었을 것이다. 손수레 바퀴가 장정의 무게를 이기지 못하고 빠져 달아나면서 오빠가 천근의 무게로 땅바닥에 내려앉자 내 머리에 전광석화처럼 떠오른 생각은 차라리 잘됐다, 나 혼자만이라도 이 재수 더럽게 없는 가족으로부터 벗어나자, 하는 생각이었다. 나 혼자만이라면 얼마든지 그날 안에 한강에 이를 수 있었다. 그러나 나에 대한 식구들의 철석같은 믿음은 나에게 차마 그럴 수 있는 기회를 주지 않았다.

바퀴가 빠진 자리에서 가까운 가난한 동네에서도 제일 허술

한 빈집에 우리 식구가 스며든 그날 밤 사이에 서울은 사람이라고는 그림자도 없는 텅 빈 도시가 되었고, 다음 날 밤을 틈타 인민군과 중공군은 점령군답지 않게 소리 없이 이 도시로 스며들었다.

그 집은 허술했으나 우리 식구의 몰골이 훨씬 더 남루했으니 우리는 그 집에 감사해야 했다. 그러나 주인이 바뀐 이 도시에서 우리의 존재가 들키는 게 두려운 나머지 불도 못 때고 따라서 밥도 짓지 못했다. 불과 며칠 전에 그 많은 피를 흘린 오빠에게 따순 밥 한 숟갈 못 먹이고 얼음장 같은 냉골에서 추위에 떨면서 생쌀을 씹게 해야 했다. 어떻게 그런 모진 추위가 다 있었을까. 그 추위는 그 후에 우리에게 닥친 온갖 고난의 역정까지를 얼어붙게 하는 무서운 추위였다. 그 후에 일어난 일들을 나는 날짜별로도 기억할 수 있을 정도로 생생하게 간직하고 있다. 그 겨울의 추위가 냉동보관시킨 기억은 마치 장구한 세월을 냉동보관된 식품처럼 썩은 것보다 더 기분 나쁜 신선도를 유지하고 있으니 이건 기억이 아니라 차라리 질병이다. 기억 중 나쁜 기억은 마땅히 썩어서 소멸돼야 하고, 차마 잊기 아까운 좋은 기억이라 해도 썩어서 꽃 같은 것으로 다시 태어나야 하는 것을.

결국은 발각됐고 우리는 남의 집을 털어 곡식을 훔쳐서라도 밥을 지어 먹을 수 있게 되어 차라리 발각된 게 잘된 줄 알았다. 그러나 곧 새로운 위기에 몰리게 되었는데 그건 그들이 오빠를 국군 부상병으로 넘겨짚은 거였다. 그들은 그걸 빌미로 우리를 끝까지 괴롭혔고 결국은 그들의 위협에 못 이겨 여섯 식구가 반으로 쪼개지는 기막힌 일을 겪었다. 그들은 부부를 가르고 모녀를 갈라놓았다. 부상병과 노인을 빼고 올케와 나를 북으로 데려가려 했다. 젖먹이는 그들도 차마 떼어놓지 못했으니 아기 업은 올케와 내가 북으로 가는 대열에 끼게 되었다. 엄마가 교묘한 꾀를 내어 함께 실려 가는 트럭을 놓치게 만들고, 그 후 도보로 가게 되었다. 우리는 낮에는 빈집에 들어가 숨어 있다가 밤에만 조금씩 걸어 임진강 가에서 그 강을 건너지 않고 숨어지냈다. 임진강은 절대로 건너지 않기가 우리 가족이 찢어지면서 한 암호 같은 약속이었다.

이제 와 생각해보니 바퀴가 없어서 한강을 건너지 못했고, 바퀴를 피할 수 있어서 임진강을 안 건널 수 있었다.

식구는 다시 합칠 수 있었지만 나는 그 겨울부터 다음 해 겨울까지 일 년 동안이나 생리가 멎었다가 서울이 수복되고도 한참 있다가 다시 시작됐는데 아마도 미군부대에서 흘러나온 트랜스지방 풍부한 턱찌끼 덕이었을 것이다. 그러나 시중에 창궐한 그런 턱찌끼만으로는 심한 출혈, 모진 추위와 굶주림으로 탈진한 오빠를 소생시킬 수는 없었다.

나도 그때 생리만 멎은 게 아니라 성장도 멎어버린 것 같다. 반세기도 넘어 전의 추위, 굶주림, 불안, 분노 등 원초적 감각의 기억은 그로 인하여 감기도 걸릴 정도로 현실적인 데 비해 현재 누리고 있는 소비사회의 온갖 풍요하고 현란한 현상들은 그저 꿈만 같다. 번화가의 환상적인 조명, 무수한 한강 다리를 장식한 아름다운 불빛, 꼬리에 꼬리를 물고 도로를 은하수처럼 흐르는 차들의 행렬을 바라볼 때는 더 그렇다. 그런 것들이 거기 실제로 존재하는 게 아니라 내가 혼이 빠져 보이는 환상만 같다. 심지어는 내가 소유한 넉넉한 물질이나 약간의 명성 그런 것까지 실제가 아닌 초라한 내가 잠시 현혹된 헛것이지 싶다.

어쩜 그렇게 혹독한 추위 그렇게 무자비한 전쟁이 다 있었을까. 이념이라면 넌더리가 난다. 좌도 싫고 우도 싫다. 진보도 보수도 안 믿는다. 김훈의 말을 빌리자면 나는 아무 편도 아니다. 다만 바퀴 없는 자들의 편이다.

아아, 남대문

남대문이 불타던 날 밤에도 나는 아무것도 모르고 잠만 잘 잤다. 평상시처럼 열 시 좀 지날 때까지 TV를 켜놓고 있었다. 주말연속극을 하는 시간이었다. 나는 워낙 초저녁잠이 많아 아무리 재미있는 연속극도 열 시가 넘으면 끝까지 보지 못한다. 그날도 졸음에 겨운 시간에 남대문 지붕에서 연기가 나고 많은 소방차가 몰려와서 진화작업을 하고 있다는 속보를 연속극 도중 잠깐씩 자막으로 보았지만 그 가벼운 보도 태도 때문에 정말 불이 나리라고는 상상도 못 하고 곧 잠자리에 들었다. 남대문이 불타버렸다는 기막힌 사실을 안 것은 다음 날 아침이었다. 이른 아침에 큰딸애가 전화로 그 사실을 알려주면서 말했다.

"엄마 내 심장이 타들어가는 것 같았어요."

나는 말문이 막혀 대답하지 않고 허둥거리며 TV를 켰다. 불타는 남대문을 보여주면서 너도나도 한마디씩 하는데 다들 남대문이라 하지 않고 숭례문이라고 했다. 숭례문 현판을 불길로부터 무사히 구한 얘기를 하고 있어서였을 것이다. 우는 사람도 있었고, 절을 하는 사람도 있었고, 꽃을 바치는 이도 있었다. 나는 작대기처럼 선 채 그 모든 행위에 동참했지만 달려가 그 참담한 현장을 목격할 자신은 없었다. 훗날 부득이 그길을 통과할 일이 있어도 차마 그쪽은 바라보지 못할 것 같았다. 나는 의학드라마 같은 데서 배나 가슴을 가르는 장면을 보여줄 때면 눈을 감거나 외면하는 비겁한 버릇이 있다.

남대문을 처음 본 것은 여덟 살 때였지만 그 이름은 어려서부터 자주 들으면서 자라서 서울이라는 이름보다 더 친숙했다. 서울 출입이 비교적 잦은 집안이었고 동네 사람들 중에서도 서울 갔다 온 사람은 벼슬이라도 하고 온 것처럼 한동안 으스대고 다닐 때였다. 서울에서 겪은 신기한 경험 중에는 실패 담도 많았다. 워낙 큰 대처라 만나보고 싶은 사람이나 친척집을 찾지 못해 고생하고 안타까워한 것이 가장 대표적인 실패 담이었다. 그럼 듣는 사람이 꼭 한마디씩 하는 말도 정해져 있었다.

"남대문 입납入納이지, 서울이 어디라고 동네 이름만 가지고 사람을 찾나 찾길."

입납이란 편지를 드린다는 뜻으로 그 시절엔 편지 겉봉에 흔히 쓰던 문자였다. 그러니까 남대문 입납은 주소를 정확하게 쓰지 않고 남대문이라고만 쓴 편지를 가리키는 말로 주소도 모르고 사람을 찾아 나서는 사람을 조롱하거나 핀잔줄 때 쓰는 말이었다. 우리 시골에서는 리里 단위의 동네 이름만 갖고도 사람도 찾고 편지도 잘 들어갈 때라 그 소리는 서울이 굉장히 크고 번잡할 뿐 아니라 시골뜨기들한테 배타적일 거라는 인상까지 풍겼다. 또 그 남대문의 문패는 남대문이 아니라 숭례문이라는 것도 어려서부터 알고 있었다. 한글로 읽고 쓸 줄 알아도 한문을 모르면 무식쟁이 취급당하던 때였다. 시골서 상경한 선비가 숭례문 현판을 쳐다보면서 큰 소리로 남대문이라고 읽으면서 누가 썼는지 명필이로고, 감탄까지 했다는 얘기는 위선적인 무식쟁이를 조롱하는 당시의 대표적인 우스갯소리였고, 손녀한테까지 천자문을 가르치고 싶어했던 할아버지로부터 가장 자주 듣던 엄포였다.

남대문을 처음 본 것은 여덟 살 때였다. 촌구석에서 개성이라는 소도시로 나왔을 때 서울역을 본떠 만들었다는 개성역도 어마어마해 보였는데 서울역의 규모는 거기 댈 것도 아니었다. 특히 기차에서 내려서 역사에 이르기까지 거쳐야 하는 구름다리는 이층집도 못 보았던 촌 계집애에게는 너무도 권위적이고 위압적이었다. 짐을 이고 지고도 뭐가 그렇게 급한지 앞다투어 뛰어가는 수많은 사람들의 혼잡 속에서 엄마를 잃어버릴 것 같은 공포감 때문에 더 그러했을 것이다. 가까스로 역사 밖으로 빠져나와도 사람들한테 밟혀 죽을 것 같은 혼잡은 마찬가지였다. 짐이 많은 엄마를 보고 지게꾼들이 앞다투어 몰려들었기 때문이다. 지게꾼 말고도 거지도 많고 행상도 많은 게 1930년대의 서울역 광장이었다.

가까스로 그 혼잡을 빠져나왔을 때 저만치 남대문이 보였다. 당시만 해도 남대문 주위에는 높은 건물이 없었다. 남대문

홀로 크고 장엄했다. 하여 남대문로 양쪽의 건물들이 납작 엎드려 있는 것처럼 보였지만 그렇다고 남대문이 위압적인 건 아니었다. 대도시의 혼잡에 걷잡을 수 없는 혼란에 빠진 조그만 계집애에게 괜찮다, 괜찮아, 라고 다독거릴 듯 인자하고 편안해 보였다. 한 가문의 맥을 한 손에 틀어쥔 것처럼 당당하고 기가 센 종가댁 증조할머니도 매 맞고 우는 어린것들한테는 기꺼이 당신 치마폭을 내주고 감쌌다. 남대문의 석축이 그렇게 부드럽고 여성적으로 보였다. 저 문안의 도성이 살 만한 데가 될 것 같은 안도감이 왔다. 그렇게 해서 나는 서울 사람이 됐다.

그 후 어른이 될 때까지 여름 겨울 일 년에 두 차례씩 한 해도 안 거르고 서울역을 거쳐 고향 집에 다녀오곤 했지만 다시는 남대문을 눈여겨보지 않았다. 눈에 안 들어온 게 아니라 들어왔어도 아무런 느낌도 없었을 것이다. 남대문과 나 사이에 아무런 불순물도 안 섞인 완벽한 만남은 최초의 한 번으로도 축복인 것을.

그러나 그걸 못 잊고 소설 속에서 우려먹은 적이 있다. 1974년, 신인 시절에 쓴 단편 중 「부끄러움을 가르칩니다」라는 작품이 있다. 그 시절 나 자신도 제어할 수 없는 힘으로 미친 듯이 써댄 6·25를 소재로 한 작품 중 하나인데 엄동설한에 서울을 버리고 마지막 피난 대열에 낀 주인공의 눈을 통해 남대문을 이렇게 묘사했다.

아침 느지막이 중학다리 집을 떠나 종로, 광교, 을지로 입구, 남대문까지 우린 너무 느리게 걸었고, 어머니가 이렇게 굼벵이처럼 걷다가는 해 안에 한강도 못 건너겠다고 걱정을 하는 바람에 이제부터라도 앞만 보고 기운 내서 열심히 가야겠다고, 마지막 돌아보는 셈치고 돌아다본 시야에 문득 남대문이 의연히 서 있었다.

눈발을 통해 본 남대문은 일찍이 본 일이 없을 만큼 아름답고 웅장했다. 눈발은 성기고 가늘어서 길엔 아직 쌓이기 전인데 기왓골과 등에만 살짝 쌓여서 기와의 선이 화선지에 먹물로 그은 것처럼 부드럽게 번져 보이는 게 그지없이 정답기도 했지만 전체를 한 덩어리로 볼 땐 산처럼 거대하고 준엄해 내 옹색한 시야를 압도하고도 넘쳤다.

나는 이상한 감동으로 가슴이 더워 왔다. 남대문 미美의 극치의 순간을 보는 대가로 이 고난의 피난길이 마련되었다 한들 어찌 거역할 수 있으랴 싶었다. 그건 결코 안이하게 보아질 수 없는, 꼭 어떤 비통한 희생의 보상이어야 할 것 같은 생각이 들었기 때문이다.

나는 거의 종교적인 경건으로 예배하듯이 남대문을 우러르고 돌아서서 남으로 걸었다. 이상하게도 훨씬 덜 절망스러웠다.

어떤 극한상황에서도 우리를 덜 절망스럽게 하고 희망과 꿈을 갖게 하는 거야말로 바로 문화의 힘일 터이다. 그건 또한 문화민족이라면 문화재가 있어야 하는 까닭이기도 할 것이다. 그러나 문화재가 그걸 공유한 민족에게 이러한 영감을 주기까지는 많은 세월이 걸리게 돼 있다. 뛰어난 장인과 훌륭한 재료를 구할 수 있는 재력만 있다고 해서 하루아침에 되는 게 아니다. 오랜 세월 자연의 풍상을 견디고, 사람들의 사랑과 공경을 받음으로써 비로소 원형 위에 그런 신비한 더께가 앉는 게 아닐까.

남대문 내부가 일반에게 공개됐었다는 건 불타버린 후에 비

로소 알았다. 그전에 알았어도 들어가볼 마음이 났을 것 같지
않다. 어느 만치 떨어져서 바라봐야 남대문이 가장 아름답게
보이나, 그 적정거리를 나만이 알고 있는 것처럼 느끼는 것으
로 족했던 것이다. 그러나 불타버리고 나자 그 거대한 지붕을
어떤 구조가 떠받치고 있었을까 그걸 못 봐둔 게 아쉽게 느껴
졌다. 그리고 방화범에 대해서도 내 나름의 상상력을 굴려보
았다. 물론 아직 방화범이 잡히기 전이었다. 그는 아마도 지독
한, 너무 지독해 거의 미쳐가는 탐미주의자였을 것이다. 매일
같이 남대문에 드나들면서 부드러운 목재가 얼마나 섬세하고
긴밀하게 교감하면서 그 장대한 지붕을 떠받치고 있나를 보고
또 보는 사이에 그 불가사의한 미에 참을 수 없는 질투를 느낀
나머지 혼자 독점할 궁리를 하지 않았을까. 경찰은 방화범을
시중에서 찾고 있지만 그는 아마 가까운 남산으로 올라가 자
기가 집착했던 것의 찬란한 최후를 구경했을 것이다. 불이 꺼
진 지금쯤 그는 그가 맛본 강렬한 쾌락 끝에 형벌처럼 찾아온
존재의 비루함에 전율하며 자기 몸뚱이 여기저기에 남아 있는
찰과상과 화상 자국을 짐승처럼 핥고 있을 것이다.

그러나 그는 내 상상력을 더 발전시킬 새도 안 주고 신속하

게 잡히고 말았다. 그때 비로소 나는 내 상상력조차 독창적인 것이 아닌 '미시마 유키오'의 『금각사金閣寺』에서 빌려왔다는 걸 깨닫고 허탈해졌다.

　방화범은 어이가 없을 정도로 신속하게 잡혔다. 비슷한 전과도 있었고, 범행도 순순히 자백했다. 그는 인명피해가 없었다는 걸로 생색까지 내려들었고 그렇게까지 큰불이 될 줄은 몰랐다고 했다. 방화범까지 믿은 우리의 소방능력이라니, 참담해지지 않을 수가 없다. 집을 철거당하고 그 보상금이 터무니없이 낮아서 분풀이로 불을 질렀다고 너무도 태연하게 말하는 그의 뻔뻔스러움에는 소름이 끼쳤다. 결국은 돈이었다. 유신시대부터 오늘날까지 이어져오는 잘살아보세, 경제를 살리자, 경제제일주의가 만들어낸 파렴치, 책임져야 할 고위층들이 다 같이 형식적인 사죄 끝에 입에 올린 약속도 돈, 신속한 복구 그리고 돈만 있으면 문제없다는 식의 예산책정, 돈, 돈, 돈, 돈자루를 틀어쥔 이들의 또 하나의 파렴치. 재건축아파트를 사고팔아 막대한 이익을 올리고 그게 한 번도 불로소득이란 생각을 안 해본 나의 뻔뻔함. 그러고도 더 많이 벌어 흥청

망청 쓰는 사람만 보면 이놈의 세상을 송두리째 깽판 치고 싶다는 열화 같은 정의감의 그 못 말리는 뻔뻔스러움.

내가 순간적으로 소름이 끼쳤던 것은 방화범 개인의 뻔뻔함이 아니라 아무리 정권이 바뀌어도 변함없이 받들어온 경제제일주의가 길들인 너와 나의 얼굴, 그 황폐한 인간성에 대해서였을 것이다.

엊그저께는 본의 아니게 택시를 타고 남대문을 지나게 되었다. 불타버린 남대문과의 첫 대면이었다. 내 심장은 예상한 것처럼 충격받지 않았다. TV로 반복해서 보는 사이에 길들여져 오히려 원형이 아득했다. 그래도 내 표정이 조금은 비통했나 보다. 운전기사가 웃음 섞인 목소리로 말을 걸었다.

"오늘 얻어들은 웃기는 소리 하나 해 드릴까요. 젊은이들이 이런대요. 숭례문은 탔지만 남대문은 남아 있어서 다행이라고."

나도 웃으면서 남대문을 무사통과, 인간이 하는 일은 어느 시대나 똑같다는 생각을 했다. 남대문은 멀쩡하게 복원될 테고, 오백 년 후에 오는 이는 내가 본 더께 앉은 남대문을 다시 보게 되리라.

그동안 경제제일주의의 뻔뻔스러움에 자존심이 상한 국민들은 그 옛날 김구 선생의 말씀을 표절해다가 선거공약으로 내세운 참신한 지도자를 뽑게 되는 일도 생기지 말란 법이 없을 것이다.

김구 선생의 백범일지 중에서 언제 들어도 마음에 깊이 와 닿는 「내가 원하는 우리나라」의 첫머리를 인용하는 것으로 감히 이 졸문의 말미를 장식하려고 한다.

"나는 우리나라가 세계에서 가장 아름다운 나라가 되기를 원한다. 가장 부강한 나라가 되기를 원하는 것이 아니다. 내가 남의 침략에 가슴이 아팠으니 내 나라가 남을 침략하는 것을 원치 아니한다. 우리의 부력富力은 우리의 생활을 풍족히 할 만하고, 우리의 강력은 남의 침략을 막을 만하면 족하다. 오직 한없이 가지고 싶은 것은 높은 문화의 힘이다. 문화의 힘은 우리 자신을 행복하게 하고 나아가서 남에게 행복을 주겠기 때문이다."

식사의 *기쁨*

어느 호텔 화장실에서였다. 안에서 일을 보다가 밖에서 들리는 목소리에 푹, 하고 웃음을 터뜨렸다. 들어올 때 세면대에 나란히 서서 손을 씻던 여자들의 뒷모습을 본 것 같은데 그들은 아마도 모녀간이었나 보다. 나이 든 목소리가 말했다. "글쎄, 그 개애 같은 X이 오래간만에 즈이 집에 간 시어미한테 햇반인지 뭔지 슈퍼에서 파는 상자 밥을 내놓지 뭐냐." 젊은 목소리가 맞장구를 쳤다. "그러게 내가 뭐랬어? 엄마 다신 그 집에 가지 마라니까." 저런 철없는 것이 있나. 말리는 시누이도 얄밉다지만 말리는 척도 안 하고 부추기기부터 하는 시누이가 좀 지나치다는 생각이 들었지만 엄마는 충분히 위로받았나 보다. 두 사람의 대화가 알아들을 수 없을 만큼 낮고 오순도순해졌다.

내가 웃음을 참지 못했던 것은 개애 같은 X이라는 독특한 발음 때문이었다. 개도 아니고 '개애'였다. 그 발음을 어찌나 걸쭉하고 길게 하는지 그 엄마의 분노와 섭섭함, 모멸감이 생생하게 느껴졌다. 나도 툭하면 햇반을 즐겨 먹는 편이고 공장에서 생산한 밥이 집밥 못지않게 맛있고 때깔은 더 좋은 것에 감탄까지 할 적도 있다. 그 집 며느리도 밥을 새로 짓자니 시간도 걸리고, 자기 솜씨가 공장밥보다 못할 것 같은 두려움도 있고 해서 공장밥을 내놓았을 텐데 그게 그렇게 노여워할 일일까. 그렇게 며느리 편에 서서 이해가 되면서도 실은 그 어머니한테 더 동정 비슷한 친밀감을 느끼고 있었다. 나하고 동시대인일 뿐 아니라 비슷한 문화를 공유한 사람끼리의 동질감 같은 거였다. 그들 모녀의 얼굴을 봐두고 싶었지만 내가 볼일을 끝내고 나왔을 때 그들은 거기 없었다. 부잣집 응접실이라 해도 손색이 없을 만큼 말쑥하고 화사한 호텔 화장실을 개애 같은 X이라는 원색적인 욕이 적당히 휘젓고 간 것 같아 다시

한 번 비죽비죽 실없는 웃음을 흘렸다.

말 한마디로 천냥 빚을 갚는다는 말도 있지만 손수 지은 더운밥 한 그릇이 손님에 대한 환대, 공경, 우정, 친밀감 등 사람 사이에 있어야 할 온갖 좋은 것을 다 얹어줄 수 있다고 믿었던 시절이 있었다. 그때는 요새 세상과는 댈 것도 아니게 먹을 것이 귀하고 모든 여건이 척박한 때였지만 행복한 시절이기도 했다. 귀한 손님이 오셨을 때는 부랴부랴 더운밥을 지어서 대접하는 건 기본이고, 끼니때 온 손님은 차려놓은 밥상에 숟가락 하나만 더 놓으면 된다는 것도 밥을 주식으로 하니까 가능한 미덕이었다. 식구 수에 맞춰서 빠듯하게 지은 밥에서 한 숟갈씩 덜어내어 감쪽같이 밥 한 그릇을 만들던 우리 엄마들의 십시일반의 솜씨는 가히 예술이었다. 그렇다면 한두 사람분의 쌀에다 물을 듬뿍 붓고 우거지와 온갖 푸성귀를 쳐넣어 열 사람도 먹일 수 있도록 늘리는 솜씨는 요술이 아니었을까.

요술이라도 부려 군식구를 포함한 밥상머리 여러 입들이 고루 배부르게 나눠 먹는, 없는 사람들끼리의 법도가 없었다면 전란과 전후의 보릿고개를 더불어 살아남기 어려웠을 것이다. 그때 엄마들이 무진장 물을 탄 죽을 먹고도 만족한 포만감을 느낄 수 있었던 것은 그 한 그릇에는 영양가 이상의 것이 담겨 있었기 때문이 아니었을까. 내가 손수 만든 반찬에는 내 손맛이 스며 있다고 믿는 것처럼 손수 지은 끼니에는 탄수화물 이상의 것을 담아낼 수 있다고 믿는 게 쌀자루를 틀어쥔 엄마들의 소박한 생각이었다. 화장실에서 들은 나이 든 목소리의 주인공도 아마 그런 기억을 가지고 있는 나와 동년배였을 것이다.

우리 연배들의 식성 중에서도 나는 좀 더 촌스러운 편이어서 패스트푸드나 서양요리를 별로 좋아하지 않고 우리식에다 서양식을 뒤섞은 국적 불명의 요리는 혐오까지 하는 편이다. 자연히 손자들하고는 식성이 잘 안 맞는다. 그래도 나는 그 아이들이 중요한 시험을 앞두고 있어서 격려해주고 싶을 때나, 까칠하고 의기소침해 보여 위로해주고 싶을 때는 불현듯 밥을 먹이고 싶어진다. 나는 밥을 무지 좋아하는 것 같다. 특히 내가 지은 밥에는 자부심 같은 것까지 가지고 있다. 자식들이나 손자들이 예고 없이 잠깐 들렀을 때도 보온밥통 속 밥을 먹이기는 해도 햇반은 안 먹이게 된다. 찬밥이라도 내가 지은 밥을 먹여야 뼈가 되고 살이 될 것 같은 믿음은 근거는 없지만 자신에게는 위로와 보람이 된다. 개애 같은 X을 부르짖는 여자와 나는 같은 족속이다. 우리의 어두운 지난날을 불꽃처럼 살다 간 혁명가가 있어 어느 야반, 집에 남은 아녀자들의 가난한 주머니를 털러 잠깐 들렀다가 사라졌다고 치자. 젊은 아내에게 남은 아쉬움은 못다 한 입맞춤이겠으나 그 어미에게는 미처 못 먹인 더운밥이 될 것이다. 미처 못 먹인 밥은 찬밥도 더운밥이 되는 법이다.

이 나이에 아직도 극진히 공대해야 할 웃어른이 남아 있는 건 아니지만 환대하고 싶은 사람, 우의를 표하고 싶은 사람까지 주위에 없는 건 아니다. 그런 사람한테도 밥 한번 같이 먹자는 소리를 아무렇지도 않게 잘하는 편이다. 그때 밥은 식당밥도 햇반도 아니고 집밥이다. 평소에 흠허물 없이 무심하게 대하던 사람이 어느 날 갑자기 착하고 불쌍해 보일 때가 있다. 위로해주고 싶어서 한다는 소리도 집에서 밥 한번 같이 먹자는 소리다. 마음에 남는 친절한 대접을 받고 나서 답례로 한다는 소리도 같은 소리이다. 나는 아마도 밥을 여린 마음, 다친 마음 등, 마음에는 무조건 잘 듣는 만병통치약쯤으로 아나 보다. 그러나 그런 격식 차리지 않는 나의 초대에 선뜻 응하는 사람은 별로 없다. 빈말로 알아듣거나 정말로 알아들었다고 해도 거북한 듯 비켜간다. 초대라면 의례히 진수성찬을 연상하고 부담 주기 싫어서일 것이다. 하긴 누가 나한테 집밥을 먹으러 오라고 초대해도 그렇게 비켜갈 수밖에 없을 것 같다. 요새 세상에 자기네 먹는 밥상에 숟가락 하나만 더 놓는 초대일 리는 없으니까. 그래도 말로라도 그런 초대를 받으면 기쁠 것 같다.

내가 믿는 '집밥'의 효능을 믿어주는 건 그래도 피붙이밖에 없는 것 같다. 따로 사는 손자가 오늘 할머니한테 가서 저녁 먹고 싶다고 전화를 걸어올 때가 가끔 있다. 하는 일이 피곤한가, 뭐가 뜻대로 안 되나. 녀석의 목소리가 지친 듯 가라앉아 있다. 그럴 때 나는 막 신이 난다. 마치 내가 지은 더운밥 한 그릇이 녀석에게 새로운 기라도 불어넣을 수 있다고 믿는 것처럼 가슴이 설레고 으스대고 싶어지기까지 한다. 내가 생각해도 정말 못 말리는 늙은이다.

성경에서도 가장 좋아하는 대목은 예수가 당시 사람들을 신분에 상관없이 당신 식탁에 초대했다는 기록이다. 예수님의 식탁에 초대받은 손님은 거지나, 병신, 세리, 창녀들로 당시의 계급사회에서는 최하층의 불가촉천민들이었다. 가난하지는 않지만 감히 예수를 초대할 엄두도 낼 수 없는 죄인 신분인 세리 자케오에게는 예수께서 자청하여 오늘은 너희 집에 가서 식사를 하겠다고 말씀하신다. 초대할 집도 대접할 끼니도 없는 거지나 부랑자들은 자기가 초대받은 식탁에 같이 초대하고 자케오처럼 돈은 있으되 소외당한 이에게는 당신을 초대하도록 유도하신다. 그들 죄인과 소외계층은 예수님과 한 식탁에 앉아 동등한 대접을 받음으로써 위로와 용서의 은총을 받았을 것이다. 예수님이 죄인과 가난뱅이를 용서하고 위로하는 방법은 바로 식탁을 같이하는 거였다.

나는 성경에 나오는 예수님의 기적에 대해서는 정말 그랬을까 믿는 둥 마는 둥 하는 편이다. 그러나 가장 천한 신분의 죄인들과 한 식탁에서 먹고 마시고 하나가 되어 우의를 다졌다는 기록은 사대복음서에 공히 여러 번 반복해서 나오니 아마 실화일 것이다. 실화일 터인데도 너무 아름다워 꼭 꾸민 이야기, 소설처럼 읽힌다. 말도 안 되는 거짓말을 소설 같다고 폄하하는 소리를 자주 듣지만 나는 내가 소설가여서인지 꼭 정말 있었던 일 같고, 있을 수밖에 없는 일처럼 진실한데 아름답기까지 한 이야기를 소설 같다고 생각한다.

　최근에 레이몬드 카버라는 미국작가의 단편집 『대성당』(김연수 역)을 읽었다. 레이몬드 카버라는 작가 이름도 처음 들어보고 미국의 다른 현대작가에 대해서도 아는 것이 거의 없다. 아무런 선입견이나 읽었다고 말하고 싶은 허영심 없이도 술술 잘 읽혔다. 직업이 있거나 없거나 먹고살 걱정은 없는 잘사는 나라에서 그저 그렇게 사는 사람들의 모습을 들여다보면서 인간관계가 어쩌면 저렇게 끈적끈적하지 않고 맨송맨송한지, 요새 젊은이들이 지향하는 '쿨'하기가 혹시 저런 건지. 생각을 굴려보게 되었다. 헤어져도 관계가 잘 청산되지 않아, 낫또가 된 콩처럼 끈끈한 줄을 끌고 다녀야 하는 우리네 인간관계도 지겹지만, 저들도 참 재미없게 사는구나 싶은 게 그 소설을 읽는 재미였다. 이 나라에도 이런 리얼리즘 작가가 있구나, 편안한 마음으로 쉬엄쉬엄 읽다가 「별것 아닌 것 같지만, 도움이 되는」이라는 단편에 이르러서는 뜻하지 않은 박진감 때문에 숨 가쁘게 읽어야 했다.

　하워드와 앤 부부에겐 스코티라는 여덟 살 된 아들이 있다. 오는 월요일이 스코티의 여덟 번째 생일이다. 토요일 저녁 앤은 쇼핑센터에 있는 제과점으로 생일 케이크를 주문하러 간다. 어떤 장식의 케이크를 만들어달라고 주문하는 동안 행복에 겨운 앤은 말이 많아지려고 하지만 빵집 주인은 퉁명스럽다. 그가 필요로 하는 최소한의 것, 케이크의 모양, 아이 이름, 전화번호만 받아 적고 앤이 수다 떨 시간을 주지 않는다. 앤은 서른세 살의 그럴 것 없이 행복한 주부이고 내일모레는 아들의 생일파티가 있는 날이기 때문에 들떠 있지만 빵집 주인에겐 생일 케이크를 주문받는 일은 직업적인 일상사일 뿐이다.

생일인 월요일 아침에도 아이는 다른 날처럼 걸어서 학교에 간다. 다른 아이들과 포테이토칩을 주고받으며 생일파티에 무슨 선물을 받을지 알아내려고 안달을 한다. 그러나 인도에서 발을 헛디디면서 지나가던 차에 곧바로 치인다. 같이 가던 친구는 울음을 터뜨리고 100피트쯤 더 나아가던 차도 멈춰 서서 돌아본다. 아이는 비틀거렸지만 곧 멀쩡하게 일어섰고 아이를 친 차도 기어를 넣고 떠나간다. 아이는 울지도 않고 어떤 말도 안 하고 학교에도 안 가고 집으로 돌아온다. 돌아온 아이는 엄마에게 학교 가다 당한 사고를 이야기하고 나서 곧장 소파에 축 늘어지더니 의식을 잃는다. 앤은 하워드에게 연락하고 급히 응급실로 싣고 간다. 하워드는 병원으로 모는 차 속에서 여태까지 학벌로나 사회적으로나 탄탄대로를 걸어온 자신과 건강하게 생존해 계신 양친, 걱정 안 끼치고 다들 유복하고 화목하게 사는 형제자매들, 하나같이 잘나가는 대학동창까지 떠올린다. 아직까지 그에게 어떤 쓰라린 경험도 없었다는 데 대한 두려움이야말로 앞으로 닥칠 불행에 대한 치명적인 예감인 것을.

스코티가 실려 간 병원에서는 수많은 X레이 촬영과 검사를 거친 후에 곧 깨어날 거라고, 대단한 일은 아니라고 가벼운 병명을 들이대지만 아이는 안 깨어난다. 여러 가지 검사를 하고 주치의도 바뀌지만 여전히 큰일 날 병은 아닌데 아이는 안 깨어난다. 나쁜 사람은 하나도 없다. 그러나 의사는 의사일 뿐 부모만은 못하다. 부모가 한잠도 못 자고 아무것도 못 먹는 동안 의사는 음악회에 가도 손색이 없을 것 같은 깨끗하고 세련된 옷차림으로 회진을 온다. 의사의 말은 한결같다. 곧 깨어날 겁니다.

아무것도 못 먹고 한잠도 못 잔 부부는 번갈아서 잠깐씩 집에 들른다. 먼저 집에 들른 남편은 이상한 전화를 받는다. 그건 주문한 케이크는 왜 안 찾아가느냐는 전화였지만, 케이크에 대해 아무것도 모르는 남편은 딴청을 부린다. 그는 미지의 상대가 스코티란 아들 이름을 입에 올린 것만으로도 불길한 예감에 사로잡혀 언성을 높이고 빵장수는 주문한 빵을 전혀 기억도 못 하는 걸 보고 장난질을 당했다고 생각하고 이상한 막말을 남기고 전화를 끊는다. 남편은 공포감에 사로잡힌다. 병원으로 돌아와 아내에게 그 괴전화에 대해 이야기하지만 아내 역시 생일 케이크를 주문한 사실에 생각이 미치지 못한다. 다음 날 아내가 집에 왔을 때도 새벽 다섯 시에 같은 전화를 받는다. 새벽 다섯 시라니. 얼마나 공포에 사로잡히기 쉬운 시간인가. 그러나 밤새 빵을 만들어야 하는 빵장수는 한참 일할 시간이다. 상대가 사이코나 아이를 치고 달아난 뺑소니 운전자라고 믿는 엄마는 네가 원하는 게 뭐냐고 소리 지르고, 그동안 케이크가 상해서 팔아먹을 것을 단념한 빵장수는 케이크 소리는 안 하고 스코티를 잊었느냐고만 묻는다. 이 못된 새끼야, 서로 소통하지 못한 채 통화는 끊긴다.

아이는 병원에 온 지 사흘 만에 단 한 번 정기 없는 눈을 떠 엄마 아빠를 보는 듯했으나 다시 감고 영영 숨을 거둔다. 아이가 다시는 숨을 안 쉬게 된 뒤에야 정밀검사 결과가 나와 아이의 병명을 안다. 진작 알았으면 아이를 살릴 수도 있었다고 의사는 심심한 유감의 뜻을 표하지만 병원 측에 잘못이 있는 것도 아니다. 정확한 진단이 나오기까지 그만한 시간이 걸렸고, 아이의 목숨은 그동안을 기다려주지 않았다. 흔히 있는 일이다.

부부가 집에 돌아왔을 때 또 그 전화가 걸려오고 전화 때마다 목소리 뒤에서 들리던 윙윙대는 제빵기계 소리와, 생일 케이크 주문하러 가서 빵장수에게 아들 이름과 전화번호를 일러준 생각이 나서 그 질 나쁜 장난전화가 빵장수로부터였다는 걸 알아차린다. 그놈이 이럴 수가, 분기탱천한 앤이 남편과 함께 빵집으로 돌진한다. 빵장수는 사흘이나 되어 맛이 간 케이크를 내놓으면서 거저라도 가져가라고 비꼬고, 엄마는 네가 이럴 수가 있냐고 폭언을 퍼붓는다. 서로 말이 안 통하는 옥신각신을 하다가 빵장수가 비로소 스코티가 죽었다는 걸 알게 된다. 본성이 퉁명스러운 빵장수지만 마음으로부터 잘못을 사과하고 두 사람을 의자에 앉힌 후 안정시키려고 애쓴다. 그는 자기가 그들이 생각하는 것처럼 그렇게 못된 사람이 아니라고 변명하면서 오븐에서 갓 구워낸 따뜻한 롤빵을 내놓는다. 앤이 마침내 롤빵을 집어 먹기 시작하자 더 먹으라고 세상에 있는 롤빵은 다 여기 있다고 말한다. 앤은 롤빵을 다 먹고 커피도 마셨다. 갑자기 허기를 느낀 앤에게 그 롤빵은 달콤하고 따뜻했다. 그들이 롤빵을 먹는 동안에도 빵장수는 사과를 멈추지 않으면서 그 나이까지 아이 없이 보내는 세월이 어떠한지, 또 계속해서 같은 일을 하는 게 어떤지를 털어놓는다. 그러나 꽃장수가 아니고 빵장수인 게, 사람들이 먹는 것을 만드는 일을 그가 얼마나 좋아하는지도 숨기지 않는다. 그에게 빵 냄새는 언제라도 꽃 냄새보다도 더 좋았다.

앤은 그의 말에 귀를 기울이면서 롤빵을 아귀아귀 세 개나 더 먹고, 빵집 주인이 맛보라고 내놓은 뜯어 먹기 힘든 거칠고 검은 빵까지 잘도 삼킨다. 그들은 그 빵집의 온갖 빵을 더 이상 먹을 수 없을 때까지 먹고도 자리를 뜨지 않고, 새벽이 되어 창으로 햇살이 높이 비칠 때까지 빵장수와 이야기를 나누는 것으로 이 이야기는 끝난다. 더 할 얘기가 뭐가 있겠는가. 부부의 삶은 계속될 것이다. 다시 아이를 가질 수도, 안 생기면 안 가질 수도 있겠지만 자식을 잃은 것을 핑계로 여태까지 이어온 부부의 삶을 파탄 내는 일은 없을 것이다.

그 정도면 해피엔든데 나는 가슴이 싸해지면서 눈물이 나려고 했다. 나도 이십 년 전에 참척을 겪은 일이 있다. 너무 고통스럽거나 끔찍한 기억은 잊게 돼 있다던가. 기억력의 그런 편리한 망각작용 때문인지 그 당시 일이 거의 생각나는 게 없다. 나중에 딸들한테 들은 건데 아들의 장례를 치르는 동안 나는 우리 집 아닌 어딘가에 자리보전하고 드러누워 있었다고 한다. 장례를 치르고 온 딸들이 엄마가 듣건 말건 위로가 되라고 한 말이, 장례식에 아들 친구들이 많이 와서 성대했다고 전했다고 한다. 그걸 전해 듣자 내가 눈을 번쩍 뜨더니 그 친구들 뭣 좀 잘 먹여 보냈느냐고 물었다고 한다. 그 소리를 듣고 아이들은 아아, 고통스럽긴 하겠지만 엄마는 다시 삶을 이어갈 수 있겠구나 안도했다는 것이다.

　　삶이란 존엄한 건지, 치사한 건지 이 나이에도 잘 모르겠다.

노인,
최신 영화를 보러 가다

　모든 모임이나 약속은 서울특별시에서 이루어진다. 특별시
에서도 강남이거나 종로구거나 그런 데서 나를 불러주기도 하
고 내가 누굴 보자고 부르기도 한다. 사는 건 서울에서 못 살
고 경기도 구리에서 산다. 교외의 전원주택에 산다고 하면 그
럴듯하게 들릴 수도 있으련만 겉멋으로라도 그러고 싶지 않
다. 시골스러운 경치도 인심도 사라지고 발랑 까진 동네가 돼
버린 지 오래다. 단지 교통이 불편할 따름이다. 운전만 할 수
있다면 그런대로 살 만할 텐데 그걸 배우기엔 너무 늦은 나이
에 차 없이 살 수 없는 동네에 둥지를 튼 것이다. 시골에 산다

는 걸 핑계로 웬만한 모임엔 안 나가기도 하고, 시내에 나간 날 여러 가지 일을 몰아서 보기도 한다. 자연히 첫 번째 볼일과 두 번, 세 번째 볼일 사이에 자투리 시간이 생기게 된다. 언제부터인지 자투리 시간을 영화 보기로 심심하지 않게 보낼 수 있게 되고부터는 그걸 즐기기까지 하게 되었다. 아마 시내 도처에 멀티플렉스상영관이 생기고부터일 것이다. 한 건물에 열 몇 개씩 영화관이 들어서 있고 상영시간도 각각이라 내 시간에 맞는 영화를 골라잡기만 하면 된다. 대부분의 영화관에서 늙은이는 관람료를 할인해주는 것도 기분 좋은 일이다.

시내에선 백화점 세일, 볼만한 미전美展, 개성 있는 박물관, 고궁, 전망 좋은 찻집 등 남는 시간을 즐길 수 있는 장소가 쌔고 쌨는데 왜 하필 영화관일까. 사실 영화관보다는 그런 곳을 더 좋아하기 때문에 그런 곳은 일부러 날 잡아 느긋하게 가야 할 것 같고, 자투리 시간엔 영화 보기가 가장 적절하다고 생각하는 것은 영화에 대한 폄하라기보다는 세 살 적 버릇이 여든간다는, 오래전 버릇의 재발 같은 게 아닌가 싶다.

거슬러 올라가자면 해방 후 약간 혼란스럽고도 완고했던 여고 시절까지 가야 한다. 지금의 고2, 고3에 해당하는 학년이 돼도 집에서도 학교에서도 입시공부 같은 걸 따로 시켜주지 않았다. 대학 갈 애가 많지 않을 때였다. 여고 졸업한 나이를 결혼적령기로 칠 때여서 학교에서도 가사과를 따로 두고 신부 수업에 해당하는 과목을 중점적으로 가르치긴 했어도 대학 갈 애를 위한 배려는 없어서 각자 알아서 해야 했다. 졸업이 가까우니 건방만 늘어서 일제의 잔재가 그대로 남아 있는 교칙 같은 거 살짝살짝 무시하고 앞머리로 애교머리를 만들기도 하고, 박스형 교복 허리에 다트를 넣어 허리선을 강조하기도 했다. 나는 공부벌레도 못 되면서 교칙에 정해진 일이라면 머리 꼬랑이 길이가 정해진 길이에서 1센티미터만 넘어도 벌벌 떠는 소심한 모범생이었다. 그런 내가 잘못 걸리면 정학을 당할지도 모르는 짓을 예사로 저질렀는데 그건 학생 관람 불가 영화를 보러 다니는 일이었다. 그 비용을 위해 예사로 엄마를 속였다. 학교 근처에 꽤 괜찮은 외화만 전문적으로 상영하는 재개봉관이 있는 것도 내 일탈을 도왔다. 당시 숙명여고는 수송동에 있었고, 거기서 지척인 종로 네거리에 있는 화신백화점 5층이 바로 그 재개봉관이었다. 집이 있는 돈암동에 새로 생긴 동도극장도 당시 나의 단골 영화관이었다. 학생 관람 불가 영화라고 해서 학생에게 극장표를 안 파는 일은 없었다. 훈육주임 선생에게 걸리지만 않으면 되었다. 교복의 흰 깃은 깜깜한 극장 속에서 눈에 띄기 쉬우므로 안으로 구겨 넣는 건 기본이었다. 물론 그 짓은 수업 끝나고 집에 가는 시간을 이용했다. 가을이나 겨울 같은 때는 분명히 환할 때 극장에 들어갔는데 나와 보면 밤이었다. 종로 거리는 당시 최고의 번화가여서 전깃불이 밝고 사람들이 바쁘게 오가는 모습이 낮과 판이한 달뜬 활기에 넘쳤다. 영화 속 별세계의 연속인 양 낯익은 거리가 낯설어져 잠시 방향감각을 잃고 우두망찰하게 되는 것도 어딘지 감미롭고도 쓸쓸한 영화의 뒷맛이었다.

사춘기라 불리는 나의 꽃봉오리 시절은 우리 민족의 격동기였다. 식민지시대에 입학해서 같은 학교에서 해방을 맞고 미군정시대를 거쳐 남한만의 독립을 이룩한 지 얼마 안 될 때였다. 어리둥절할 정도로 세상이 변해도 변하지 않는 것은 궁핍과 불안이었다. 내남없이 하루하루의 삶은 고달프고 남루했다. 학교에서는 열심히 자유와 민주주의에 대해 가르쳤고, 세상에도 그 소리가 넘쳤지만 그걸 써먹는 일엔 다들 서툴렀다. 적성국가였다가 승전국이 된 서양의 정치이념은 그렇게 만만

한 게 아니었다.

서양영화의 매혹은 식민지시대에 태어나 낳을 때부터 몸에 밴 전체주의적인 억압과는 딴판인 세상을 눈으로 확인하는 놀라움이라고도 볼 수 있었다. 아아, 사람이 저렇게도 살 수 있는 거로구나. 남녀노소에 구애받지 않은 거침없는 자기표현도 눈부셨지만 해놓고 사는 건 또 얼마나 편리하고 으리으리해 보였는지, 우리의 생활양식이 거의 서양사람 수준으로 또는 그 이상으로 변한 뒤에 태어난 요새 젊은이들은 아마 상상도 못 할 것이다. 학교에서 가까운 서양영화 위주의 재개봉관은 그 시절의 나의 꿈의 궁전, 판타지이자, 카타르시스의 장이었던 것이다.

졸업반이 되어도 대학입시에 대한 어떤 압박도 받지 않았다. 반에서는 졸업식 때까지를 참지 못하고 중간에 결혼하는 동무까지 생겨서 학교생활은 더욱 느슨해졌다. 학교에서도 보충수업은커녕 정규수업을 빼먹는 선생님도 종종 있었다. 주로 대학에서 모셔온 강사 선생님이 그런 자유를 누리는 것 같았다. 선생님이 빠지는 시간은 결과缺課라고 미리 교무실 칠판에 나와 있었다. 당번이 교무실에 다녀와서 그걸 통고해주면 반에 환호성이 일었다. 각자 제 하고 싶은 걸 하면서 놀 수 있었다. 나는 결과나 쉬는 시간에 대비해 늘 한두 권의 소설책을 가방에 넣고 다녔지만 결과가 점심시간과 연달아 있을 적엔 영화관에 가고 싶은 유혹을 떨치지 못했다. 그러나 엄연한 수업 시간에 학교를 빠져나간다는 건 여간한 배짱 아니면 엄두가 안 나는 위험한 모험이었다. 소심한 자가 모험을 하려면 단짝이 필요한 법이다. 어느 날 단짝과 학교를 빠져나가 화신영화관의 어둠 속에 스며들기까지는 순조로웠는데 영화의 재미가 막 깨가 쏟아져 갈 무렵 정전이 된 것이다. 이북에서 남으로 보내는 전기를 끊고 나서 남한 전기 사정은 극도로 나빠졌다가 조금 나아진 게 그 꼴이었다. 유일한 대중교통수단인 전차가 정전으로 멈춰 서는 일도 다반사였다. 큰 극장에서는 자가발전이라는 것도 하는 모양이었지만 값싼 재개봉관이었다. 관객도 착하고 순했다. 정전이 오래 계속되는데도 항의도 안 하고 휘파람도 불지 않았다. 영화관 측에서 그런 착한 관중에 대한 서비스 정신을 발휘해 무대 위에 촛불을 켜고 악극단 가수를 동원해 쇼를 부리기 시작했다. 관중들은 이게 웬 떡이냐 하는 듯이 킬킬대고 박수 치고 했다. 수업을 빠져나온 우리만 초조했지만 단짝도 나도 시계 같은 것도 없었고 돈도 아깝고 해서 다시 전기가 들어오고 영화를 상영할 때까지 기다렸다가 끝까지 보고 나왔다. 나와 보니 해가 저문 초저녁이었다.

그때서야 가슴이 두근두근 무작정 학교로 뛰었지만 때는 이미 늦어 학교는 사람의 그림자 없이 괴괴하고 깨끗이 청소된 교실 칠판에는 우리 둘의 이름과 이 두 사람은 교무실로 오라는 담임 선생님의 엄명이 크게 써져 있었다. 서둘러 가방을 챙겨가지고 교무실로 갔으나 교무실에 남아 있는 선생님은 아무도 없었다. 수업을 빼먹고 극장 갈 때의 배짱은 어디로 갔는지 담임을 못 만나고 집에 가면 그날 밤잠을 제대로 잘 수 있을 것 같지 않았다. 그날 안에 어떡하든지 담임을 만나야 된다는 생각으로 숙직실로 숙직 선생을 찾아갔다. 숙직 선생님이 친절하게 선생님들의 신상명세서를 철해놓은 걸 찾아내어 보여주는데 거기에는 선생님 댁 주소뿐 아니라 집의 약도까지 그려져 있었다. 담임 선생님 댁은 우리 집이 서울 와서 제일 먼저 자리 잡았던 변두리 빈촌에 있었다. 면한 지 오래된 산동네였지만 그쪽 지리가 훤한지라 약도만 보고도 찾을 수 있을 것 같았다. 그사이에 날이 아주 어두워 숙직 선생님이 너희들이 애쓴 것은 내일 담임 선생님한테 얘기해줄 테니 그만 집으로 가라고, 겁먹은 우리를 달래주었지만 우리는 그 밤의 안면을 위해 굳이 선생님 댁으로 향했다.

　그리고 어렵지 않게 그 산동네에 매달린 선생님의 누옥을 찾아냈다. 선생님은 어디서 한잔하시는지 아직 안 들어오시고 쪽 찐 얌전한 사모님 치마꼬리에 매달린 사내아이는 대여섯 살 정도밖에 안 돼 보여 막내이지 싶었다. 들어오라는 말도 없는데 들어가 기다릴 수도 없고 일단 사모님한테라도 우리 사정을 정중히 말씀드렸으니 다음 날 큰 벌은 면할 수 있을 것 같아 그냥 집으로 돌아왔다. 다음 날 교무실로 찾아뵌 선생님은 뭐 그만 일로 집까지 찾아왔었느냐고 오히려 우리를 위로했다. 그 담임 선생님이 당시에는 꽤 이름이 알려진 중견작가인 박노갑 선생님이시다. 문과반의 문학소녀들은 소설가가 담임이 되었다는 것만으로도 상당히 흥분했었다. 그러나 선생님은 소녀들이 빠지기 쉬운 경험의 무게가 실리지 않은 허황하고 감상적인 미문에의 유혹을 엄하게 경계하면서 때때로 극도의 혐오감까지 나타내시곤 했다. 자연히 인기 있는 선생님은 못 되었다. 당시 일간지에 연재하는 선생님의 중편소설을 읽기 위해 일부러 그 신문을 구독했는데 별로 재미가 없었다. 그러나 변두리 산동네에서 초라하게 사시는 선생님을 뵙고 나서는 선생님을 다시 보고 존경하게 되었다. 요새는 존경하던 사람도 못사는 걸 보면 다시 보면서 경멸하게 되는데 그때만 해도 지식인의 가난은 후광을 발할 때였다. 선생님은 이듬해 닥쳐온 6·25전쟁 후 좌익으로 몰리고 나서 우리 문단에서 사라졌다. 나 역시 전쟁 때문에 대학을 못 다니게 되어 그때 선생님이 열강하신 문학개론과 창작 시간이 나의 최종 문학수업이되었다. 지금도 그분의 영향이 내 안에서 아직도 유효하다는걸 느낄 때가 종종 있다.

문학적 성향과 영화에 대한 애착이 같은 것일 수는 없다고해도 문학에 있어서는 십 대의 마지막 해에 받은 영향만 갖고울궈먹어도 동시대인과 소통할 수 있는 글을 쓰는 데 큰 무리가 없는데 영화는 전혀 안 그렇다. 자투리 시간에 영화 보러가고 싶어 하는 건 어릴 적 버릇일 뿐, 그런 버릇을 만든 기본적 욕구를 만족시켜주는 영화를 만나기는 점점 더 어려워지는것 같다. 솔직히 말해서 요새 영화는 이해가 잘 안 된다. 영화를 다운 받거나 DVD로 보지 않고 굳이 영화관까지 가는 건,

여럿이 같이 보는 재미, 교감 때문이기도 한데 젊은이들이 많이 든 영화일수록 쟤들은 왜 이런 영화를 재미있어할까, 소외감만 느끼게 된다.

자투리 시간에 본 영화 중 〈밴드 비지트Band Visit〉라는 영화를 꽤 기분 좋게 봤는데 교통 좋은 예술영화 전문상영관에서 나를 포함해서 단지 여섯 명이 보았다. 여섯 명을 위해서도 영화를 틀어주는 게 고마웠다.

〈노인을 위한 나라는 없다〉는 '아카데미상'을 받았다는 것 때문에 보게 되었다. 책을 살 때는 '노벨상' 받은 작품이란 게 구매욕에 전혀 도움이 안 되는데 영화에 있어서는 안 그렇다. 친구하고 같이 갔는데 그 역시 그랬을 것이다. 친구가 미리 표를 사놓았고 나는 약속 시간보다 많이 늦게 가서 시작 부분을 10분쯤 놓치고 보았다. 마약과 돈가방 때문에 사람이 무수히 죽었다. 그렇게 사람 많이 죽는 영화는 전쟁영화 빼고는 처음 봤다. 내 몸에도 피가 튈 것 같은 끔찍한 영화였다. 그 지겨운 시간을 견딘 건 오로지 늙은 보안관이 범인 잡는 걸 보기 위한 것이었는데 영화는 노 보안관 부부의 아리까리한 대화로 돌연 끝났다. 뒤통수를 치듯이 그렇게 돌연 끝나는 영화는 처음 봤기 때문에 그럴 리가 없다고, 그 영화에 참여한 모든 이름이 지루하게 상승하는 엔딩 자막이 끝나고 불이 켜질 때까지 멍청히 기다렸다. 그게 끝이라니, 카타르시스가 안 된다는 게 그렇게 찜찜한 것인 줄은 몰랐다. 혹시 우리가 놓친 시작 10분에 그 영화의 결론이 미리 나와 있었을지도 모른다는 생각도 들었지만, 그렇다고 해도 나중에 다시 볼 생각은 없다.

우리가 미국에 태어나지 않아서 참 다행이다, 라고 생각한 게 그나마 그 영화를 본 소득이었다. 총기 소지가 금지돼 있다는 것만으로도 우리나라가 미국보다는 살 만한 나라로 여겨졌던 것이다. 그러나 웬걸, 부모야 말할 것도 없고, 온 국민이 살아 돌아오기만을 기원한 어린 두 소녀가 드디어 토막시체로 발견된 사건이 터졌다. 시체를 토막 내다니, 돈 때문도 원한관계도 아닌 동기 없는 살인사건, 그래서 성도착증 내지는 사이코로 결론지을 수밖에 없는 살인범이 아무렇지도 않은 얼굴로 평범한 동네의 이웃으로 섞여 살 수 있는 나라는 살 만한 나라인가? 우리가 건망증이 심해서 그렇지 상상을 초월한 그런 엽기가 이번이 처음도 아니다. 이 지구상에서 삶을 이어간다는 건 거기가 어디이든 끔찍한 모험이란 생각이 든다.

하필 그 무렵 시내에서 자투리 시간이 생긴 김에 소싯적 버릇이 시키는 대로 영화를 보게 되었다. 〈추격자〉라는 영화였는데 멀티플렉스에서 상영하는 수많은 영화 중에서 하필 그 영화를 보게 된 것은 사전정보가 있어서가 아니라 나의 남은 시간과 그 영화의 상영시간이 딱 맞아떨어졌기 때문이다. 표가 거의 매진되어 맨 앞자리밖에 안 남아 있다는 것도 영화가 재미있을 것 같은 기대감을 더했다. 그러나 하필이면 이십여 명을 죽여서 토막 낸 살인범을 추적하는 영화였다. 두 소녀 살인사건 이전에 실제로 있었던 연쇄 살인사건을 토대로 만든 영화라고 했다. 심증만 가지고 억울한 사람 범인 만들까 봐 전전긍긍하는 검찰이나 경찰의 몸조심 등 볼 만한 요소가 없는 건 아니었다고 해도 예슬 양의 시신 중 머리 부분을 못 찾아 하천을 샅샅이 뒤지는 현장을 TV 화면으로 목격한 뒤였다. 살인범의 집 수족관에 떠 있는 사람의 머리가 영화 같지 않고 진짜같아 그 끔찍한 리얼리티를 견디기가 정말로 힘들었다. 구역질과 현기증이 나는 걸 참고 그 영화를 끝까지 볼 수 있었던 것은, 살인범의 소굴에서 처절한 악전고투 끝에 마침내 빠져나온 여자만은 마지막까지 살아남을 줄 알았기 때문이었다.

그 여자는 창녀였지만 예쁜 딸을 둔 엄마이기도 했고, 끝까지 삶을 포기하지 않는 초인적인 용기도 보여주었다. 영화적으로 살아남기에 부족함이 없었다. 그러나 그 영화는 그 정도의 해피엔드도 관객에게 선물하지 않았다. 살아 돌아오길 그렇게 바란 예슬 양까지 죽게 한 실제 사건에 비추어볼 때 한 사람도 못 살아남는 게 더 현실적일지도 모른다. 그러나 기록영화도 아닌 극영화가 그렇게까지 현실을 복사할 필요가 있을까. 판타지도 없고 카타르시스의 욕구도 채워지지 않자 이상하게도, 아니 당연하게도 마음이 살벌해지는 걸 느꼈다.

저런 인간은 죽어야 돼.

그전까지 한 번도 동의해본 적이 없는 사형제도를 열렬하게 지지하고 있었던 것이다.

최근에도 행복한 영화 보기가 아주 없었던 것은 아니다. 〈어웨이 프롬 허Away From Her〉는 입소문을 듣고 보게 되었다. 처음 가본 아담한 영화관이었는데 기다리고 있는 관객들은 멀티플렉스상영관과는 다르게 중년층 이상의 여성들이 대부분이었고 부부동반도 알맞게 섞여 있었다. 제시간이 되자 영화관은 꽉 찼다. 영화도 재미있었지만 보는 동안 내내 같이 보는 사람들과의 교감 같은 게 느껴지는 것도 근래에 느껴보지 못한 행복한 체험이었다. 끝나고 영화관을 빠져나오면서 흘려들은 영화평도 슬며시 사람을 웃게 만들었다. "줄리 크리스티, 그 여자 어쩌면 그렇게 곱게 늙었을까. 닥터 지바고에 나왔을 때보다 더 섹시하더라." 아무나 그렇게 늙을 수 있는 게 아니다. 영화니까 가능한 판타지일 뿐이다. 치매는 더군다나 그렇다. 다들 치매에 대해 공포감을 갖는 건 치매란 인간성 속의 좋은 부분, 사랑할 수 있는 능력, 연민, 배려, 수치심 등을 상실하고 가장 추한 밑바닥을 드러내는 일이라는 걸 알고 있기 때문이다. 내 밑바닥에 무엇이 있는지, 자기도 모르는 걸 어느 날 갑자기 드러낼 수도 있다는 게 어찌 공포스럽지 않으랴. 수세식 변소 때문에 한 번도 자세히 볼 기회조차 없었던, 자기 X을 남이 가장 잘 보이게 벽에 쳐바르는 치매의 대표적인 증세만 봐도 치매가 표현하고자 하는 걸 알 수가 있다. 영화를 보러 온 중년층 이상의 여성들이라면 어른을 모셔본 실제경험이나 주위에서 보고 들은 걸로 다들 그쯤은 알고 있을 것이다. 여전히 아름다운 여성성을 잃지 않고 새로운 사랑까지 할 수 있고, 게다가 그동안 해로해온 착한 남편의 다분히 이기적이고 위선적인 사랑에 멋진 복수까지 할 수 있다면 그건 얼마나 황홀한 치매인가. 그런 치매는 판타지일 뿐 치매의 실체는 아니다. 그러나 그런 치매도 있다고 생각하고 싶은 건, 인생의 마지막 복병, 치매에 대한 공포를 위로받고 싶어서이다. 카타르시스야말로 예나 지금이나 변치 않는 영화의 위대한 힘이지만 무엇이 우리 마음에 와 닿아 그런 작용을 하는지는 넘을 수 없는 세대 차가 있는 것 같다.

친절한
나르시시스트들

　유럽의 고성을 방불케 하는, 교외의 음식점에서였다. 겉보기뿐 아니라 실내장식이나 전망도 좋아 두리번대면서 그렇게 근사한 곳에 초대해준 이에게 고맙다는 말부터 했다. 그가 말했다. "요새 누가 배고파서 이런 데 나와 먹습니까. 다 분위기값이죠." 그렇게 말하는 걸 보면 교외라고 음식값이 싼 것도 아닌 것 같았다. 점잖게 생긴 중년 아줌마가 메뉴판을 가지고 주문을 받으러 왔다. 종업원이 아니라 안주인 같기도 해서 우리는 각자의 취향과 평소의 식사량까지 들려주면서 아줌마의 의견을 참조해 넘치지도 모자라지도 않게 주문을 했다. 우리를 초대해준 이도 어디서 소문을 듣고 온 것이지 단골은 아닌 듯 아줌마에게 메뉴판에 적힌 음식에 대해 이것저것 물어가며 주문을 했다. 그만큼 종류도 다양하고 이름도 생소한 요리들이었다.

'물냉' '비냉' 한마디로 끝내주는 대중음식점에서와는 달리 종업원과 비교적 이야기를 많이 했는데도 우리 중 누구도 그가 연변 아줌마라는 걸 눈치채지 못했다. 남쪽에 온 지 오래돼서인지 남다른 노력의 결과인지는 알 수 없었지만 그 아줌마는 거의 연변 사투리가 남아 있지 않은 완전한 표준말을 쓰고 있었다. 그러나 말하는 것과 알아듣는 것과는 다른 모양이다. 그 여자는 우리보다 먼저 주문을 한 테이블 손님들로부터 대단히 혹독한 야단을 맞고 있었는데 손님의 말을 잘못 알아들어서 엉뚱한 음식이 나온 모양이었다. 그 손님이 어디 가나 말귀 못 알아듣고 촌스러운 연변 아줌마들 때문에 기분 잡친다고 호통을 치고 있는 걸 듣고 안에서 주인 같은 남자가 급히 뛰어나왔다. 그는 그 남자에게도 종업원 똑바로 쓰라고, 비용 몇 푼 아끼려고 연변 아줌마 써서 가게 품위 떨어트리면 이따위 고품격 인테리어가 무슨 소용이냐고 일장 훈시를 해대는 것이었다.

비굴할 정도로 깍듯한 주인의 백배사례로 그 소동은 일단락됐지만 그런 인간들하고 같은 공간에서 식사를 하는 게 불편해서 음식 맛이 어떤지 제대로 느낄 새 없이 서둘러 식사를 끝마쳤다. 밖에만 나와도 살 것 같았다. 다행히 멀리 한강을 바라보며 쉴 수 있는 넓은 마당에 커피자판기도 있고 야외용 의자도 배치돼 있어서 좀 더 쉬다 올 수 있었다. 식사시간이 한참 지난 때여서 마당에도 우리밖에 없었다. 그 꼴사나운 인간들은 언제 그랬더냐 싶게 포만감으로 이드르르해진 얼굴로 나오더니 몇 대의 차로 나눠 타고 우리 눈앞에서 사라졌다.

아무도 없는 풍경 속으로 핸드폰을 귀에 댄 연변 아줌마가 나타났다. 도망치듯 뛰쳐나온 태도로 보아 그녀가 건 전화가 아니라 어디서 걸려온 전화일 듯했다. 우리를 의식한 듯 멀찌가니 호젓한 나무그늘을 찾아가면서도 전화통화는 계속됐다. 앞에서 볼 때와는 달리 어깨가 앙상하고 검은 머리를 뒤로 질끈 동인 뒷모습은 아줌마 티가 전혀 없이 앳돼 보이기만 했다. 무슨 얘기를 하는지 그 앙상한 어깨가 가늘게 흔들렸다. 가서 어깨를 감싸고 다독거려주고 싶게 오열하는 그녀의 뒷모습은 가냘프고 애처로워 보였다.

작년 겨울 홋카이도〔北海道〕를 여행할 때 만난 연변 아줌마 생각이 났다.

목적 없는 여행이었다. 일상생활이라고 무슨 목적이 있을까 마는 직장이 있는 것도 아니면서 톱니바퀴에 맞물린 것처럼 내 뜻과는 상관없이 쉴 새 없이 돌아가야 하는 일상에 대한 싫증에서 비롯된 여행이었다. 단지 여기가 아닌 딴 데 있고 싶어서 비싼 비행기 타고 외국여행까지 하는 건 좀 사친가? 내가 보기에 여행가라기보다는 여행의 달인으로 보이는 L 시인이 그쪽을 권하고 동행까지 해주었으니 금상첨화, 분에 넘치는 사치였다. 온천도 하고 눈도 보고 게도 먹자고 했다. 치토세 공항에서 국철로 오타루〔小樽〕까지 갔다. 홋카이도가 처음이니까 오타루도 물론 처음이지만 그쪽 여행을 많이 해본 사람들로부터 들어서 예상한 대로 운치 있고 어딘지 정이 가는 소도시였다. 시인이 예약해놓은 숙소는 도심에서 떨어진 한적한 일본식 료칸〔旅館〕이었다. 겉으로 보기에는 나지막하고 간판도 잘 안 보이는 시골집 같으면서도 안은 넓고 깊고 미로처럼 꼬불꼬불한 이 층 구조였다.

우리를 반갑게 맞는 여주인은 물론 일본 여자였지만 주인과 거의 동격으로 보이는 중년 여자는 곱고 상냥한 우리말을 쓰는 연변 아줌마였다. 장춘 대학의 일본어과를 나와 교편생활을 하다가 이곳으로 취직해 왔다고 했다. 남편은 아직도 중국에서 교편생활을 하고 딸은 여중생이라고 했다. 고학력 여성이 앞으로 더 잘살기 위해, 남편과 자녀와 헤어져 사는 사정이 우리나라에 취업해 와 있는 연변 여성과 조금도 다르지 않았다. 그 여자는 방을 안내해주면서 동행인 시인과 어떤 관계인지 물었다. 친구라고 할까, 문우라고 할까 하다가 많은 나이 차이를 생각해서 친척이라고 했다. 그러면 한방을 쓸 것이지 여기 방값이 얼마나 비싼데 각방을 쓰느냐고 안타까워했다. 방값이 비쌀 만하게 복층 구조로 돼 있는, 이 층은 침대가 둘 놓인 양실이고, 아래층은 넓은 다다미방이고 골방 속엔 열 명이 자도 부족함이 없을 만한 넉넉하고 정갈한 침구가 들어 있었다. 단체여행이라면 스무 명이 자도 족할 만한 방이었다. 혼자 쓰긴 좀 과하다는 걸 시인했더니 그럼 지금이라도 바꿀 수 있으면 바꿔보겠다고 했다. 물론 안 그래도 된다고 거절했지만, 사실 그건 주인의 이익을 도모해야 하는 종업원이 할 소리가 아니었다. 그런 소리를 그 여자는 마치 시골 사는 이모나 고모가 도시에서 펑펑대며 사는 조카에게 '뭣 하러 이런 과용을 하고 그래, 돈 아껴야지' 하는 투로 아무렇지도 않게 구수하게 말하는 것이었다. 주중이라 방은 남아도는 것 같았고 공중탕 노천탕 다 한산했고 방에 딸린 욕실도 노천탕처럼 눈 덮인 산야의 경치를 즐기면서 하게 돼 있었다.

거기서 하룻밤을 묵고 두 끼 식사를 하는 동안 그 연변 아줌마가 우리의 서비스를 도맡아주었고 그녀를 통해 오타루라는 고장을 이해하게 되었다. 오타루는 한국인 관광객이 가장 선호하는 고풍스러운 도시로 우리나라의 유명한 가수들이 거기서 뮤직비디오를 찍었고, 유명 연예인 누구누구가 다 여기서 휴가를 보내면서 이 집에 묵었노라고 했다. 다음 날 아침식사 때는 자신의 디카를 가지고 와서 그녀가 틈틈이 홋카이도의 각지를 여행하면서 찍은 풍경 사진을 보여주었다. 홋카이도 하면 눈경치만 생각하던 나에게 꽃으로 뒤덮인 홋카이도는 환상적이었다. 그녀는 오뉴월의 홋카이도는 말도 못하게 아름답다며 꼭 다시 오라는 유혹의 말도 잊지 않았다. 그 여자는 오타루뿐 아니라 홋카이도의 관광유치까지 훌륭하게 해내고 있었다. 내 이름을 알고 밤새 인터넷으로 검색해봤다며 친밀감을 표하더니 나에게 그 여관의 인상을 한마디 남겨달라고 종이를 내오니 차마 거절하지 못했다.

눈치가 빠르니까 아마도 글 써먹고 사는 동네 주변 사람이 나타나면 그 종이를 적절하게 써먹을지도 모른다. 한국 사람이 많이 들르는 업소에서 그 여자를 고용한 것은 탁월한 용인술이었다. 그래도 나는 손님을 위해 직장을 위해 최선을 다하는 그 여자가 싫지 않았다. 하루빨리 그 여자가 목표한 만큼의 돈을 모아 가족이 모여 살기를 진심으로 바랐다. 그런 마음으로 나는 그 여자에게 팁을 좀 주려고 했다. 큰돈은 아니었지만 자고 난 방에 베개 위에 떨어트리고 나오기에는 좀 많은 돈을 정중하게 봉투에 넣어 건넸더니 한사코 안 받으려고 했다. 월급도 충분히 받고 있거니와 종업원이 팁을 받는 게 금지돼 있다고 했다. 단호하고 당당한 그녀의 태도 때문에 손이 부끄러워진 나는 이건 팁이 아니라 이역에서 같은 동포를 만난 반가움의 표시라고 했던가, 주인한테는 내가 억지로 주고 갔다고 말하고 주인이 너한테 주면 네가 갖고, 주인이 야단치고 압수하면 까짓 거 압수당하고 말라고 했던가, 아무튼 주섬주섬 구차한 소리를 해서 억지로 떠맡겼다. 팁을 그렇게 어렵게 주다니.

우리가 떠나는 시간에는 그 여자의 배웅을 받지 못했다. 교대시간이 되어 자기 집으로 돌아갔다고 했다. 자유롭게 지낼 수 있는 시간이 넉넉해서 그렇게 많은 사진을 찍을 수 있었구나 수긍이 갔다. 월급을 넉넉히 받고 있다는 말도 사실일 것이다. 좋은 대접을 해주지 않는 남의 나라를 그렇게 사랑할 수는 없는 일이었다. 그 여자가 찍은 사진에는 그곳 자연에 대한 그 여자의 사랑과 찬탄이 고스란히 스며 있었다.

우리나라의 연변 아줌마와 일본의 연변 아줌마의 현격한 차이는 개인의 성격이나 운명의 차이가 아니라 그쪽과 우리의 사람 부리는 요령, 용인술의 차이가 아닐까. 사실 한 사람이 가진 모든 능력을 이용해 최대의 이익을 취하고 있는 건 우리보다는 그쪽이 더하건만 그쪽은 자존심을 최대한 살려가며 일을 하고 있었다. 그 점이 고용과 착취의 차이가 아닐까.

오타루는 예쁜 크리스털 가게들이 즐비한 편안하고 걷기 좋은 소도시였다. 나는 아기자기한 가게들의 친절에 홀려 끼고 다닐 것 같지도 않은 유리 반지를 여러 개 샀다. 그리고 삿포로로 가는 국철을 타기 위해 역전에 맡겨놓은 짐을 찾아가지고 역으로 갔다. 시인이 짠 일정은 오타루에서는 일박만 하고 삿포로에서 이박을 하기로 돼 있었다. 시인이 삿포로행 열차표를 사기 위해 오천 엔짜리 지폐를 기계에 넣었다. 시인이 명령한 대로 삿포로행 열차표가 두 장 나오기는 했는데 거스름돈이 동전만 나오고 지폐가 나오지 않았다. 기계가 이천 엔을 꼴깍한 것이다. 시인이 기계를 두들겨도 보고 쳐보기도 했지만 기계는 아무런 반응이 없었다. 시인은 옆에서 지켜본 나에게도 동전만 나오고 지폐는 안 나온 게 맞는지를 확인해보려고 했다. 나는 맞다고, 내 두 눈으로 똑바로 봤다고 장담을 함으로써 그를 안심시키려고 했다. 다행히 자동판매기에는 만약 기계에 이상이 있을 때 사람을 부를 수 있는 버튼이 있었다. 그 버튼을 누르니 즉시 유리창 너머에서 직원이 나타났다. 젊은데도 약간 어깨가 굽은 왜소한 남자였다. 자초지종을 얘기했더니 심히 미안한 얼굴로 기계를 점검해보겠다고 하면서 안으로 들어갔다. 기계를 점검해보는 데 시간이 그리 오래 걸리진 않았다. 다시 나타난 그가 하도 미안하고 황송한 얼굴을 하고 있어 기계의 오작동이 밝혀진 줄 알았는데 아니었다. 기계의 기록은 방금 오천 엔 받고 이천 몇백 엔 거슬러준 걸로 나온다고 했다. 우리가 기계를 쓴 후에는 다른 사람이 쓴 일도 없었고, 그 기계 없이도 표 사는 사람들에게 지장이 없을 만큼 여러 대의 자동판매기가 놓여 있었다.

우리는 당연히 우리가 잔돈밖에 못 받았다는 사실을 재차 강경하게 주장했다. 그는 죄송하다는 말을 여러 번 반복하고 나서 그 기계의 오늘 하루 매상과 잔고를 맞춰보려면 좀 시간이 걸리는데 그래도 괜찮겠냐고 물었다. 그리고 앉아서 편안히 쉴 수 있는 방을 안내해주었다. 조금 지루했던지 시인이 앉아 있지 못하고 일어서서 요새 젊은이들이 흔히 하는 폼으로 바지 주머니에 손을 찌르고 약간 건들대다가 이게 뭐지, 하면서 천 엔짜리 지폐 두 장을 꺼내는 것이었다. 우리의 불찰이었다. 주머니 먼저 뒤져보는 게 순선데 나한테 먼저 물어보다니. 그러나 내가 옆에서 지켜본 바로는 분명히 짜르릉 소리를 내면서 잔돈만 나왔다. 그러나 그가 기계를 작동하는 동안 한순간도 내가 한눈을 팔지 않았다고 어떻게 장담할 수 있나. 나는 속으로 뜨끔하면서 마음이 흔들렸지만 그 돈은 거스름돈이 아니라 전서부터 주머니 속에 있던 돈일 거라고 우겼다. 돈 셈이

어두운 나를 대신해 돈은 그가 맡아서 썼으니 얼마든지 그럴 수도 있는 일이었다. 그렇지만 그는 지갑을 따로 가지고 있었고 주머니에서 나온 돈이 딱 이천 엔이라는 건 암만해도 찜찜했다. 사무실에 가서 이 사실을 말해야 하나, 잠자코 기다려야 하나, 미처 정할 새가 없었으니 아마도 당황하고 있는 우리의 표정을 가다듬을 새도 없었을 것이다. 역무원은 여전히 송구스럽고 미안한 얼굴로 나타나 컴퓨터로 뽑은 기나긴 기록을 보여주면서 하루의 들어오고 거슬러준 돈을 뺀 순수매상이 기계에 남아 있는 잔고와 일 전의 차이도 없이 딱 맞아떨어진다고 했다. 그는 그 사실을 설명하는 동안 매우, 또는 진실로 죄송합니다만 소리를 수도 없이 삽입했다. 우린 그때 이미 기계는 잘못이 없고 실수는 우리가 했다는 걸 알고 있었다. 그래도 체면은 있어서 우리는 우리의 경솔을 솔직하게 고백하지 못했다. 우리가 도대체 어떤 얼굴로 그의 죄송을 접수하고 서 있었는지 거울에 비춰보지도 못했고 사진을 찍어두지도 못했으니까 알 도리가 없지만 나중에 생각해도 얼굴 가죽 두꺼운 건 우리보다도 그 역무원일 듯싶다. 그의 얼굴은 처음부터 우리보다는 기계를 믿고 있었다. 또한 우리가 박박 우긴다 해도 기계가 인정하지 않는 잘못을 인정하고 돈을 내줄 사람이 아니었다. 사람됨보다도 제도가 그렇게 돼 있지 않을 것이다. 그는 아마 우리를 잔돈이나 사기쳐먹고 다니는 모자母子 사기꾼쯤으로 생각하지 않았을까. 몇 년 전 일이지만 우리나라 오백 원짜리와 그 나라 오백 엔짜리 크기가 비슷한 걸 이용해 자판기를 돌며 사기를 친 한국인 사기꾼 일당을 생각하고 있을지도 모른다. 우리는 그 역무원의 참을성 있고도 완벽한 친절을 피해 도망치듯이 개찰구를 통과했다. 그가 어떤 얼굴로 우리 뒤통수를 전송하고 있는지 돌아보고 싶었지만 못 돌아보았다. 사람의 두 얼굴을 보는 건 두려운 일이므로. 그가 여전히 황송한 얼굴로 우리를 전송하고 있다고 해도 두렵기는 마찬가지일 것 같았다.

오타루에서와는 달리 삿포로에서는 역전에 있는 고층 호텔에 묵었다. 한참 제철인 털게를 비롯해 온갖 종류의 게 맛을 보고, 펑펑 쏟아지는 눈도 맞아보았다. 가까이에 큰 서점 기노쿠니야가 있어서 저녁엔 거기 들러서 책을 뒤적거리는 재미도 쏠쏠했다. 일 층 입구로 들어서자마자 바로 눈에 띄는 잡지 매대에는 우리나라 배우들, 배용준, 송일국 등 낯익은 연기자들을 표지로 한 잡지들이 즐비하게 꽂혀 있었다. 한류라는 걸 현지에서 목격한 것 같아 반가웠지만 나는 왠지 그 앞에서 걸음을 멈추지 못하고 빨리 지나쳤다. 내가 쓴 책이 신간으로 나와 서점의 좋은 자리를 점하고 있는 한동안은 그 서점을 피하게 되는 것과 비슷한 겸연쩍은 마음 때문이었다. 나도 그런 내가 싫지만 나에게는 그런 변변치 못한 데가 있다. 직원한테 원예, 뜨개질 등 실용서적이 있는 데를 물었더니 앞장서서 안내해주었다. 그곳은 실용서적 서가로 사면의 벽을 만들고 그 안에서 책을 읽을 수 있도록 편한 의자들이 놓인 코너였다. 나는 그곳에 퍼더버리고 앉아 『멋있는 카디건 뜨기』라는 책을 애무하며 읽었다. 딸들을 여럿 둔, 이삼십 대 적 나는 참 재봉틀도 많이 돌리고, 뜨개질도 많이 했다. 그때 어렵게 구한 일본 뜨개질책은 내 꿈의 교본이었다. 화보도 아름다웠지만 무엇보다도 정확했다. 거기 나와 있는 대로 게이지를 내서 아이들 치수에 맞춰 코수를 계산해서 뜨면 기가 막히게 잘 들어맞았다. 어려운 무늬를 고대로 뜰 수 있는 것보다 옷감으로 재단하는 것처럼 한 치를 다투는 그 정확성이 좋았다. 손뜨개질 옷은 풀어서 다시 뜨는 재미도 여간 아니다. 그러나 헌 옷 푼 오글오글한 실로는 게이지가 제대로 나오지 않는다. 긴긴 겨울밤 방에서 주전자의 물을 끓여가며 그 증기로 오글오글한 헌 털실을 곧고 폭신한 새 실처럼 풀어내던 내 엄마 노릇의 고달픈 기쁨을 어찌 잊을까.

요새도 손으로 뜨개질하는 엄마들이 있는지 모르겠다. 전철 같은 데서 비닐같이 생긴 줄로 가방을 뜨는 여자들은 더러 봤지만 옷을 뜨는 것 같지는 않다. 손뜨개질 옷을 입은 아이를 본 것 같지 않으니. 일본 여자들은 아직도 손으로 뜨개질을 하는 것일까. 이렇게 다양하고 아름다운 뜨개질책이 출판되고 있는 걸 보면 그럴 것도 같다. 나는 그 매장에서 읽던 뜨개질책과 원예책을 샀다. 원예책은 우리 마당을 가꾸는 데 참고가 될까 해서이고, 뜨개질책은 다시 뜨개질을 하기 위해서가 아니라 그 정확성의 아름다움 때문이다. 서가에 읽기 위한 책 말고 때때로 꺼내보고 애무할 수 있는 책을 가까이 꽂아놓을 수 있는 것도 나의 은밀한 기쁨이다.

좁은 고장에서 한 밤을 더 자게 되어 다음 날은 심심해서 또 기노쿠니아에 갔다. 책 구경이 그래도 가장 덜 심심한 것 같았다. 신간서적을 보다가 유미리의 책과 무라카미 하루키의 책이 나란히 진열돼 있는 걸 보았다. 그 시점에서 한 달 전쯤에 나온 따끈따끈한 책들이었다. 두 권을 뒤적이다가 하루키의 책을 샀다. 첫 장에 사진이 들어 있는데 마라토너 사진이었다. 달리고 있는 날씬하고 단단한 남자는 뒷모습이어서 누군지 몰랐는데 저자 자신이었다. 책 제목도 『달리기를 말할 때 내가 하고 싶은 이야기』로 돼 있었다.

아주 오래전에 미시마 유키오의 신간을 펼쳐보다가 그가 웃통을 벗고 단단한 근육을 자랑하듯이 찍은 사진을 보고 그는 아마 나르시시스트일 거란 생각을 한 적이 있다. 달리는 하루키를 보면서도 같은 생각이 들었다. 나는 하루키의 소설을 많이 읽었고 좋아한다. 그의 문학적 가치에 대해 국내에서도 평가가 구구한 줄 알지만 내가 좋으니까 좋아할 뿐, 남들의 평가는 나하고 상관없는 일이다. 소설을 재미로 읽지 공부하려고 읽지는 않으니까. 그러나 누구에게 그를 좋아한다고 말한 적은 없다. 일본 것에 대해 좋아하는 것도 있고, 싫어하는 것도 있지만 좋아하는 것에 대해서는 솔직하지 못한 편이다. 그건 어려서부터 길들여진 금기 같은 것인지도 모르겠다.

편모슬하에서 자랐지만 할아버지의 편애가 아버지의 빈자

리를 채워주고도 넘쳤는데, 할아버지는 독립운동가도 못 되면서 지독한 일본 혐오주의자였던 것 같다. 뭐든지, 농산물까지도 못생기거나 맛없는 것은 '왜' 자를 붙여 말씀하셨다. 왜무, 왜호박, 왜참외, 하다못해 못생긴 여자는 왜장녀, 하는 식이었다. 해산물이 귀한 농촌이어서 명태찌개도 귀한 음식이었는데 한번은 물이 안 좋은 명태로 찌개를 했는지 할아버지가 이게 어떻게 명태찌개냐, 왜태찌개지 하면서 내치시던 생각이 난다. 여북해야 요새도 곧잘 학교에서 배운 것과는 상관없이 일본 면적이 우리의 남북한을 합친 면적보다 작은 것처럼 여길 적이 있다.

최초로 문학의 세례를 받은 것도 일본 문학을 통해서였다. 교과서 외의 책 읽기에 빠질 수 있는 나이가 식민지시대였으니 어쩔 수 없는 일이었다. 그러나 나에게 가장 영향을 미친, 이를테면 첫사랑 같은 책을 말해달라는 질문을 받았을 적에는 대개 일본 작가의 이름을 대지 않는다. 그건 나의 위선적인 마음도 있고 내가 소녀시대에 좋아했던 일본 작가들에 대한 애정이 별로 남아 있지 않기 때문이다. 내가 사춘기 때 탐독한 일본 소설은 거의 퇴폐적이고 선병질적인 연애소설이었다. 내가 한때 폐병쟁이와 사랑을 하기를 꿈꾼 것도 그런 소설의 영향이 클 것이다. 내가 열심히 탐독한 일본 작가들은 거의 자살로 생을 마감했다. 잘은 모르지만 작가 중 가장 자살률이 높은 게 일본 작가들이 아닐까 싶다.

하루키의 소설을 접하면서 일본 작가들에 대한 나의 그런 고정관념을 깨트린 새로운 작가의 등장 같은 신선함을 느꼈었는데 그날 밤 그의 『달리기를 말할 때 내가 하고 싶은 이야기』를 읽으면서는 그게 더욱 확실해졌다.

이건 제목 그대로 달리는 기록이다. 일본 국내에서뿐 아니라 그가 돌아다니면서 정착한 세계 각국에서 이사하고 정리하는 동안만 빼고 매일 10킬로미터씩 적어도 일주일에 60킬로미터를 꼬박꼬박 달린 기록이다. 그는 그뿐 아니라 달리기를 시작한 1982년 이래 현재까지 26년 동안을 한 해도 안 거르고 마라톤 풀코스를 달리고 있다. 물론 기록은 선수로서의 마라토너의 기록에는 멀리 못 미친다. 그가 유지하고 싶었던, 단지 달리는 사람runner으로서의 자신의 기록도 어느 날 깨진다. 그는 그때 충격을 받지만 그렇다고 달리기를 그만두지 않는다.

놀랍게도 그는 홋카이도의 북부 사로마 호수 주변을 일주하는 100킬로미터 코스 울트라마라톤대회에도 참가해서 완주한다. 그는 고통스러워하는 자신을 격려하고 위로하기 위해 그를 스친 온갖 잡념, 사유를 자세하게 기록하고 있다. 그가 75킬로미터쯤 달렸을 때 그의 고통이 극에 달하면서 뭔가가 돌담을 뚫고 홀쩍 빠져나가 버린 것 같은 느낌을 맛본다. 그러고는 나는 나이고, 내가 아닌 것 같은 아주 조용한 경지를 맛보고 고통까지 사라진 기쁨을 맛본다. 그 후로는 아무 생각도 안 하고 단지 뛴다. 그가 울트라마라톤을 완주한 기록은 열한 시간 사십이 분이다. 거의 하루의 반을 달린 것이다. 음식을 공급받을 때도 앉지 않고 선 채로 먹고 마신다. 앉으면 다시 못 일어설 것 같은 공포감은 그가 초인이 아님을 말해준다. 뛰다가 정 힘들 때는 좀 걷다가 뛰어도 되는데 그는 한 번도 안 걷는다. 안 걷고 달리기를 계속한 데 대한 그의 자부심은 대단하다. 그가 남기고 싶은 묘비명도 "무라카미 하루키, 작가 (그리고 러너) 적어도 최후까지 걷지 않았다"라고 적고 있다. 그의 오만이 전율스럽다. 그는 혼자 있는 걸 좋아하고 운동도 누구하고 경쟁하고 적수를 의식하는 게 싫어서 혼자서도 얼마든지 가능한 달리기를 좋아했다고 말하고 있는데 과연 경쟁자 없는 운동이 가능할까. 아마도 그의 적수는 자기 자신일 것이다. 이 세상에 나하고 맞설 적수는 나밖에 없다는 것처럼 도저한 자신감, 우월감이 또 있을까.

하루키는 일본 사람의 전형이라기보다는 오히려 언어의 변방을 훌쩍 뛰어넘은 세계인이라고 보아야 마땅할 것 같다. 그럼에도 불구하고 나는 일본을 여행할 때마다 감탄하게 되는 그들의 친절, 일본을 여행하고 온 사람 누구나 말하는 편안함, 대하는 사람뿐 아니라 제도상의 갖가지 친절한 배려를 하루키를 읽은 밤 다시 생각해보게 되었다. 그건 우리 할아버지의 편견처럼 결코 아부에 능하고 속과 겉이 다른 섬나라 근성이 아니라 지독한 자부심과 도저한 우월감의 소산이 아닐까. 저절로 그런 생각이 들었다.

그들의 친절이 우월감의 소산이라면 우리의 불친절은 열등감의 소산일지도 모르겠다. 점점 나아지고 있는 게 그나마 다행이지만.

빈집에서 생긴 일

한 보름가량 집을 비웠다가 돌아오니 마당이 말이 아니었다. 그동안이 하필 식물들의 생명력이 일 년 중 가장 왕성한 오뉴월 간이었다. 내가 없는 동안에 손자들이 와서 잔디를 한 번 깎아주고 갔다고는 하나 내 손길이 가지 않은 마당은 황폐해 보였다. 황폐하다면 식물이 잘 자라지 않아 녹색이 귀해진 상태인 줄 알지만 내 눈에 황폐한 건 그게 아니었다.

내가 여기는 잔디밭, 요기는 일년초 씨 뿌려놓은 데, 저기는 온실에서 길러낸 외래종 꽃들 차지, 저 큰 나무 아래는 그늘에서도 꽃 잘 피는 야생초들 자리, 하는 식으로 오밀조밀하게 재단해놓은 마당이 그 밑그림도 생각이 안 날 정도로 엉망으로 무성해져 있었다. 내가 아끼는 작은 소나무 밑에서 심지도 않은 야생화가 꼭두서니 빛으로 무리지어 피어 있는 것도 예뻐 보이지 않고 섬뜩했다. 땅기운을 저게 다 빨아먹어서 소나무가 저렇게 비리비리한 게 아닌가 싶어서였을 것이다.

마당에만 내 손을 기다리는 일거리가 쌓여 있는 게 아니었다. 그동안 모인 우편물이 산더미였다. 장보기나 밑반찬 만들기는 거의 딸들한테 의존하지만 우편물은 꼭 손수 뜯어보고 분류해왔고, 누가 도와주려 해도 반기지 않았기 때문에 아무도 안 다치고 고스란히 쌓아놓은 부피가 엄청났다. 매일매일 처리할 때는 그중엔 반가운 책이나 기쁜 소식도 있으려니 기대하는 마음으로 힘든 줄 몰랐는데 밀려 있는 그 많은 우편물을 보니 뜯기도 전에 넌더리부터 났다. 그건 곧 내가 속한 관계망에 대한 넌더리가 아니었을까. 요새 우편물은 책 한 권도 테이프로 도배를 한다. 분리수거를 위해 포장지나 봉투에서 그것들을 다 뜯어내고 나니 그 부피가 축구공만 했고 손에서는 쥐가 났다. 누구는 좋은 글을 위해, 혹은 나라를 위해 머리에서 쥐가 나게 고뇌한다는데 나는 기껏 이런 헛된 노동으로 손에서 쥐씩이나 나게 하다니.

이렇게 지칠 대로 지쳐 있을 때 우체국에서 전화가 왔다. 반송된 소포가 우체국에 보관 중이라는 상냥하지만 관료적인 기계음이었다. 자세한 걸 알고 싶으면 별표 버튼을 누르라고 해서 눌렀으나 전화는 그 즉시 뚝 끊겼다. 내가 없어도 우편물을 반송하지 말고 놓고 가도록 우체부하고 약속이 돼 있고, 보관 상자까지 따로 마련돼 있었다. 그런데도 반송을 했다면 혹시 상하기 쉬운 음식물이 아니었을까. 나는 남해의 외딴섬으로 시집가서 때때로 문어나 물메기 따위 싱싱한 해산물을 우체국 택배로 부쳐오는 사촌 동생을 떠올렸다. 그런 해산물이 우체국에서 악취를 풍기며 썩어갈 생각을 하면 아무것도 일이 손에 잡히지 않았다. 주인이 집에 있다는 걸 확인했으니 곧 배달이 오겠지 기다렸으나 그날은 그냥 저물고 말았다. 우체국에도 냉동창고가 있겠지, 그런 기대도 했다. 다음 날도 택배는 오지 않고 똑같은 전화가 걸려왔다. 나는 반가움에 허둥대며 재빨리 별표를 누르고 자세한 내용을 들으려 했지만 또 허사였다. 더욱더 사촌 동생이 부친 택배가 틀림이 없다는 생각밖에 안 들어서, 딸들한테 우체국에 가서 찾아와달라는 부탁을 하려고 전화를 걸었다가 요새 그런 전화사기가 유행한다는 소리도 못 들었느냐는 핀잔만 듣게 되었다.

우체국을 사칭한 전화는 아니더라도 그런 사기성 전화를 받은 건 그때가 처음이 아니었다. 물론 한 번도 걸려든 적 없이 무난하게 살아왔는데 이번에는 왜 동생과 물메기가 먼저 입력이 되면서 딴생각은 전혀 안 떠올랐을까. 사기를 당하려면 꼭 헛된 욕심이 눈을 가리게 돼 있다고 들은 적이 있는데 그 헛된 욕심이 물메기여서 그나마 다행이란 생각이 들었다. 물메기를 좋아하는 건 아니지만 섬에 사는 동생을 떠올리는 건 언제나 나에게 위로가 되니까.

집집마다 조금씩 마당이 딸린 동네라 떠도는 정원사들이 이집 저 집 기웃대며 일거리를 찾는 일이 잦다. 그런 떠돌이 정원사의 말을 믿고 십 년 만에 처음으로 마당에 거름을 한 것도 혹시 사기를 당한 게 아니었을까. 우편물 정리 다음으로 마당 정리에 뛰어들면서 자꾸 그런 생각이 들었다. 예쁘던 나의 마당은 온통 무릎길이로 검푸르게 자란 잡초들 차지였다. 그 정원사가 마당에 듬뿍 준 거름이 퇴비가 아니라 온갖 잡초의 씨가 아니었을까 의심스러울 정도로 온갖 잡초들이 걷잡을 수 없이 무성하게 자라고 퍼져 나가고 있었다. 초여름부터 기승을 부린 습기 찬 무더위도 그것들의 비정상적인 성장을 도왔을 것이다. 내 나이에 쉬엄쉬엄 소일하기에 알맞던 마당이 올해는 도저히 이길 가망 없는 싸움터가 돼버렸다. 하루 중 그래도 해 뜨기 전이 제일 선선하니까 눈뜨자마자 마당으로 나가 엎드려서 잡초를 뽑다 보면 어느 틈에 해가 떠오르고 땀이 비 오듯 해서 고개를 들면 평소에 곧잘 손바닥만 하다고 얕잡아 보던 마당이 저만치 아득해 보인다. 나로서는 도저히 승산 없는 전쟁이다 싶어, 내가 졌다, 깨끗이 패배를 인정하고 다시는 마당에 안 나갈 듯이 집 안으로 피해 들어와 끈끈한 몸에 물을 끼얹는다. 창마다 망창이 있고 선풍기와 에어컨이 있는 집 한 채면 됐지, 마당씩이나 욕심을 낼 건 뭐였을까. 집이 가정家庭이라고 부를 수 있는 구색을 갖추려면 최소한 집과 마당은 있어야 한다는 내 케케묵은 고정관념이 가소롭다.

아무리 피곤해도 몸이라도 성하면 좋은데 부주의하게 민소매 옷에 슬리퍼나 끌고 나갔다가는 여기저기 물린 자국이 두드러기처럼 붉게 부풀어 올라 있기 마련이다. 물린 데가 심하게 가려울 때도 있다. 마당이 나에게 전쟁터라면 무장은 필수

였던 것이다. 맨살에 날카로운 풀이 스쳐서 그렇게 된 것도 같고, 초파리나 하루살이한테 물린 것도 같다. 풀의 밀림 속은 그런 날아다니는 미물들의 천국이다. 너무 작아 손바닥으로 혹시 때려잡아 봤댔자 잔해가 먼지만도 못한 그 미물에게 늙어서 부드러움을 잃은 살갗을 뚫을 침이나 이빨이 있다는 게 도저히 믿어지지 않는다. 시력과 눈치도 있는 것 같다. 때려잡으려는 시늉만 하면 어디로 감쪽같이 숨는다. 그것들에 대한 내 궁금증은 한두 가지가 아니다. 과일을 먹고 나서 껍질이나 씨를 방치하고 자면 다음 날 아침 영락없이 그 접시 주변이 그것들 천지가 돼 있는 걸 발견하게 된다. 아무리 작은 곤충류도 번식을 하려면 교미를 해서 알을 낳아야 할 텐데 그 과정이 하룻밤 사이에 어떻게 이루어졌을까. 혹시 그 과일이 나무에 매달려 있을 적에 그 껍질에 산란해놓은 알이 적당한 온도와 단맛을 만나 부화한 게 아니었을까. 아니면 교미를 마친 암컷이 망창을 뚫고 들어와 산란을 했을 수도 있을 것이다. 하도 작은 미물이니까 그건 얼마든지 가능하지만 멀리서도 과일 냄새를 맡을 만한 후각이 그것들한테 과연 있을 수 있을까. 이런 날아다니는 미물들의 습격은 올해처럼 비정상적으로 고온다습한 여름이 아니더라도 해마다 당하는 일인데도 매번 같은 의문에 사로잡힌다. 아이들이 그런 호기심을 품는다면 귀엽기라도 하련만 늙은이의 이런 상상력은 망집妄執에 가까워서 거기서 벗어나지 못하고 있는 동안 스스로 지쳐가게 된다.

꽃밭과 잔디밭을 잡초에 점령당한 건 예기치 못한 재난이지만 예상하고 미연에 방지한 걸로 알고 있는 근심거리도 있는데, 그것도 확실하게 예방을 한 건지 아직은 확실하지 않아, 이 생명력 왕성한 여름 나기를 문득문득 불안하게 한다. 금년 봄에 마당에 있는 큰 목련나무를 떠돌이 정원사 말만 믿고 기어코 베어내고야 말았다. 기어코라고 말할 수밖에 없는 건 해마다 그 나무한테 조금씩 해코지를 해온 죄책감 때문일 것이다. 원래 있던 헌집을 헐고 새집 짓고 이사 올 때 이 집에는 작은 마당에 어울리지 않는 큰 나무가 두 그루 있었다. 한 그루가 살구나무고 나머지가 목련나문데 살구나무는 가지가 아담하고 균형 있게 퍼져 안정감이 있는 것에 비해 목련은 키가 너무 컸다. 그렇게 키 큰 나무가 옆집과의 사이에 서 있어서 옆집을 가려주는 건 좋은데 집 안방하고는 너무 가까웠다. 높이 규제 때문에 미니 이 층으로 올릴 수밖에 없었던 나지막한 집을 압도하고도 남았다. 집 지은 이가 목련 낙엽이 온통 지붕으로 떨어지면 홈통이 막힐 것을 염려하며 베어버릴 것을 권했다. 나는 옳다구나 베어버리는 데 동의했다.

이른 봄 어떤 꽃보다 앞서 핀 목련꽃은 환상적이지만 질 때는 그렇게 누추할 수가 없다. 나는 내 집 마당에서 전봇대만큼이나 큰 나무가 가지마다 누더기를 깃발처럼 휘날리며 서 있을 생각에 지레 겁을 먹고 있었는데 그걸 미연에 방지할 수 있을 것 같았다. 이사 올 때 나라고 왜 그 나무를 없앨 생각을 안 했겠는가. 그러나 내가 먼저 그 말을 꺼내는 게 두려웠다. 나무가 들을 건 아니라도 직접적인 가해자가 되긴 싫었다. 나는 매사에 그렇게 어정쩡하고 적당히 비겁하다. 그래서 나무가 베어질 때도 가까이에서 간섭하지 않고 비켜나 있었다. 완전히 베어 없애지 않고 밑둥을 일 미터 정도 남겨놓았다는 것도 나중에 알았다.

봄도 다 간 그해 여름 그 밑둥에서 싹이 트고 새로운 가지가 쭉쭉 뻗을 줄을 어찌 상상이나 했겠는가. 나도 그랬지만 나무를 베어낸 잡역부도 미처 예상 못 했을 것이다. 나는 그 나무의 질기고 왕성한 생명력에 완전히 겁을 먹고 그 나무를 바라볼 때마다 미안해, 미안해 소리를 연발했다. 소생한 나무는 여봐란듯이 완전히 체형을 바꾸었다. 일 미터 높이에서 튼실한 가지를 사방으로 쭉쭉 뻗으면서 키 큰 나무 대신 옆으로 퍼지는 나무가 되었다. 무수한 가지에서 돋아난 이파리들은 어찌나 두텁고 이들이들한지 무더운 여름날 그것들이 한 점 바람도 통과할 틈 없이 밀생密生한 걸 바라보고 있으면 식물이 아니라 열에 달구어진 광물질 같은 생각이 들곤 했다. 녹색이 시원하다는 건 그게 살랑이기 때문인데 영양 과잉과 비만증에 걸린 이 나무는 전혀 살랑일 줄 몰랐다. 가을에는 잘 썩지도 않는 낙엽을 엄청나게 쏟아냈다. 한 번 원수졌던 사람과의 화해가 쉽지 않듯이 한 번 해코지하려 했던 나무를 다시 곱게 보는 것은 내 옹졸한 성미에 버거운 일이었다. 그 이듬해부터 나무는 더욱 극성맞아져서 몸피만 불리는 게 아니라 키도 다시 우리 지붕을 내려다볼 기세로 자라기 시작했다. 할 수 없이 집을 손볼 일이 있을 때마다 인부들에게 저 나무 좀 가지치기해 달라고 부탁해서 크기를 조정해왔다. 그러나 힘만 센 아마추어의 마구잡이 손길이 나무에겐 얼마나 견디기 어려운 수모였는지는 점점 조화로움을 잃고 밉상이 돼가는 것만 봐도 알 수가 있었다. 십 년 동안이나 목련나무와 나의 살벌한 대결은 이렇게 계속됐다.

겨우겨우 참아내고 있던 나의 살의殺意를 다시 일깨워준 건 올봄 그 떠돌이 정원사였다. 될 수 있는 대로 많은 거름을 퍼부으려고 마당을 골고루 휘젓고 다니던 정원사가 큰일 난 듯이 나를 급하게 불렀다. 그 못생긴 목련나무 밑에서였다. 그 나무는 우리 집보다 지대가 낮은 옆집 사이의 담장 밑에 서 있었는데 그 담장이 기역 자로 꺾인 잇잠에 균열이 가 삐딱해져 있었다. 그뿐 아니라 담을 넘겨다보니 시멘트로 처바른 축대가 여기저기 금이 가고 불룩해져 있는 곳도 있었다. 목련나무 뿌리 때문이라고 하면서 그냥 놔두면 올여름을 못 넘기고 담장이 넘어갈 거라고 했다. 그건 맞는 소리일 것 같았다. 땅에서 엄청난 에너지가 분출하지 않고는 베어낸 나무가 그렇게 엄청난 속도로 소생할 수는 없는 일이었다. 그 생명력에는 나의 살의를 능가하는 복수심 같은 것도 있었던 게 아니었을까. 나무의 복수가 담장과 축대를 무너뜨려 마침내는 이웃집과 분쟁을 야기시킬 수도 있다는 생각이 들었다. 즉각 나무를 베어내도록 했다. 그 나무가 한 번 소생한 적이 있다는 걸 말해주고 다시 살아날 수 없도록 확실하게 없애달라는 부탁도 잊지 않았다. 그는 땅을 파고 묻혀 있던 밑둥을 잘라주면서 그 부분에 어떤 약을 뿌리면 더 확실하게 죽일 수 있다고 했다. 소심한 나는 그 짓까지는 차마 못 시키고 그 위에 흙이나 두둑하게 덮어달라고 했다. 지금 그 자리는 작은 둔덕이 돼 있다. 올여름 유난스러운 잡초들의 번식과 싸우다가도 혹시나 문득 걱정이 돼서 그 둔덕을 유심히 살펴보기도 하고 꾹꾹 밟아주기도 하면서 제발 움트지 말고 흙으로 돌아가 달라고 부탁한다. 속으로만 그러는 게 아니라 소리 내어 그런다. 이 집에 산 지 십년 동안 그 나무하고 가장 말을 많이 했다. 그래 그런지 나무가 거의 내 안에서 의인화돼 있다. 만약 흙으로 덮고 발로 꾹꾹 밟아 다져놓은 그 자리에서 또다시 새싹이 난다면 나는 아마 사람의 유령이라도 나타난 것처럼 뒤로 벌렁 나자빠질지도 모르겠다.

늘 눈에 거슬리던 거라고 해서 없어진 후가 시원한 것만은 아니다. 미운털 박힌 사람을 떠나보낸 후가 혹시 그런 게 아닐까 싶게 그 자리를 볼 때마다 허전하기도 하고 못할 노릇을 했다는 자책감이 들기도 한다. 떠나보낸 후까지 찜찜한 목련나무와는 달리 살구나무는 처음부터 마음에 들었고 해마다 예쁜 짓만 한다. 마음에 들었다기보다는 반가웠다는 게 더 맞는 말일 것이다.

내 어릴 적 시골집에도 살구나무가 있었다. 사랑채에 딸린 대문 말고 안채에서 직접 텃밭 쪽으로 나갈 수 있는 쪽문 밖에 커다란 살구나무가 서 있었다. 그 동네서 우리 집에만 있는 나무여서 꽃이 활짝 폈을 때는 동네가 다 흰했다. 열매를 먹은 생각은 안 난다. 빛 좋은 개살구라고 했다. 그러나 지금 우리 집 살구는 빛도 좋고 맛도 먹을 만하다. 꽃은 또 얼마나 화사하게 피는지 벚꽃을 닮았으면서도 벚꽃보다 덜 헤퍼서 훨씬 품위 있어 보인다. 수령이 몇 년이나 되는지는 모르지만 제법 큰 거목인데도 가장귀가 균형 있게 뻗어 아담해 보인다. 자랄 만큼 자랐는지 더 크는 것 같지 않은 것도 그 큰 나무를 덜 부담스럽게 한다. 겨울에 잎을 떨구고 서 있는 모습이 길 건너 가로등 불빛을 받고 마당에 그림자를 드리우면 잔가지는 생략되고 큰 가지만 보이는 게 꼭 박수근이 그린 나목을 닮았다. 열매는 또 얼마나 예쁜지, 아차산으로 등산하러 가는 도시 사람들이 쳐다보면서 어머 서울에서도 귤나무가 되나봐, 놀라는 소리를 들을 적도 있다. 에그 무식한 서울 사람들, 나는 속으로 이 나무가 살구나무라는 걸 아는 자신에게 유식쟁이 같은 우월감마저 맛본다.

그 살구나무는 봄에 다녀간 떠돌이 정원사가 사기꾼이 아니란 걸 확실하게 증명해주었다. 그 어느 해보다도 당도 높고 예쁜 열매를 가지가 휘어지게 풍성하게 맺어주었다. 살구나무는 워낙 키가 커서 올라가 딸 수도 없지만 미처 딸 새 없이 잘 익은 순서로 떨어진다. 베어낸 목련나무와는 대각선으로 집에서 가장 먼 마당 모퉁이에 서 있어서 길 쪽으로 더 많이 떨어지지만 포장된 도로여서 떨어질 때 몸이 상하거나 차들이 갈고 지나가서 온전한 열매를 주울 수가 없다. 그러나 마당에선 잔디나 잡초들이 사뿐히 받아줘서 하나도 상하지 않은 열매가 그렇게 예쁠 수가 없다. 살구는 딴 열매와는 달리 주황색 제 색에 꼭지 부분에 붉은색이 '보카시'가 돼 있거나 작은 점으로 흐트러져 있다. 그 무늬가 수많은 열매 중 하나도 같은 것이 없다. 하나도 같은 것이 없다는 그 다름 때문에 하나도 버리지 못하고 다 주워담게 된다. 올해는 어찌나 많이 열렸는지 집 안에 떨어진 것만도 하루에 몇 양동이씩 거의 일주일 동안을 주위담아야 했다. 올봄은 이상기후로 별안간 봄이 오면서 일주일은 가던 살구나무의 개화 기간이 사나흘밖에 안 가서 열매가 잘 안 열릴 줄 알았다. 그런데 이렇게 풍성한 열매를 맺는 걸 보고 떠돌이 정원사 덕이다 싶었다.

제때제때 주워 들이지 않으면 풀 위에서도 상하기 때문에 하루에 몇 번씩 나가 풀숲을 뒤지고 다녀도 전혀 피곤한 줄 몰랐다. 아마 수확의 기쁨 때문일 것이다. 딸들에게, 이웃에게, 또 살구가 특별한 약효가 있다고 믿는 친구들에게 나누고 나서도 남아돌아 잼을 만들기로 했다. 당도가 높아 몸에 해로운 설탕은 조금만 넣어도 될 것 같았다. 나누고도 지천으로 남아도는 살구를 큰 스텐 들통에 쏟아붓고 가스불을 조절해가며 서너 시간씩 고아대는 일은 올여름 노동 중에 가장 중노동이었다. 이 무더운 여름 사흘 동안이나 내리 그 짓을 해서 삼십여 통이나 되는 잼을 만들어냈건만 이상하게 그 일은 지치지가 않았다. 노력 끝에 나눌 사람이 생겼다는 보람 때문이었을 것이다. 같은 일이라도 소모적인 일과 생산적인 노동의 차이가 바로 이런 게 아닐까, 나의 잼 만들기를 감히 노동이라고 생각하며 해도 해도 끝이 안 보이는 풀 뽑기의 고달픔을 자위한다.

내 생애의 밑줄

시간만 나면 분주하게 뭔가를 정리하다가 하루해가 갈 때가 많다. 요즈음 특히 그렇다. 그 분주함 속에는 쫓기는 것 같은 조급증과 짜증 같은 것이 섞여 있어, 이러다가는 신경줄이 끊어지고 말 것 같은 위기의식을 느낄 적도 있다. 그래서 아무것도 안 하는 심심한 시간을 갈망하면서도 그걸 제대로 누리질 못한다. 한가할 때 말고도, 외출할 적엔 외출했다가 돌아왔을 때 말끔하게 정돈된 집으로 돌아오고 싶어서, 저녁에 잠들 때는 내일 아침에 깨어났을 때 지저분한 집에서 깨어나기 싫어서, 또는 혹시 못 깨어났을 때는 남들에게 흉잡히지 않기 위해 눈에 거슬리는 것들, 늘어놓았던 것을 치우기도 하고 안 보이는 데다가 대강 틀어박기도 한다. 어쨌든 하루를 살고 난 흔적들을 마치 범죄자가 증거인멸 하듯이 깨끗이 없애고 나야 개운해서 잠이 잘 온다.

그렇다고 안 보인다고 다는 아닌 것 같다. 골방이나 장롱 속도 꽉 차 있는 게 싫다. 주기적으로, 때로는 느닷없이 광이나 장롱 속을 정리해서 불필요한 것을 솎아내 헐렁하게 해놓아야 마음이 편해지고 일을 할 기운도 생긴다. 옷이건 그릇이건 도구건 그것이 거기 있다는 걸 내가 기억할 수 있을 만큼만 갖고 있고 싶지 그 이상은 불필요한 것으로 치부해버린다. 그 불필요한 것들이 설사 값나가는 물건이라 해도 쟁여놓고 있으면 스트레스가 된다. 내 집 안에서는 눈에 보이는 공간이건, 다락이나 광 속처럼 눈에 안 띄는 공간이건 간에 썰렁하게 비워놓고 싶다. 그러고 나면 답답하던 마음에 숨통이 트인다. 내 나름의 스트레스 해소법일 뿐 욕심 없음과는 다른 거라고 생각한다. 비어 있거나 헐렁한 공간을 많이 확보하고 싶은 공간욕空間慾도—그런 말이 있는지 모르겠지만—욕심은 욕심일 것이다.

이런 버릇 때문에 여행 갈 일이라도 생기면 그 준비가 짐을 싸는 일이 아니라 누가 빈집에 들어와 봐도 흠 잡을 데 없이 완벽하게 정리를 하는 일이다. 여행 갈 때 비워놓아야 할 곳은 냉장고나 세탁기 속까지 포함되니 그 준비기간이 며칠 걸린다. 정작 여행가방은 떠나는 날 아침에 내복 위주로 휘딱 아무렇게나 싼다. 검정 바지 하나로 열흘 이상을 버틴 적도 있으니 짐 싸는 일이 수월할 수밖에 없다. 여행지에서도 그 나라 음식으로 버틸 것과, 옷은 될 수 있는 대로 안 갈아입기가 모토이니 남다른 결벽증이 있는 것 같지는 않다. 일용품들이 내 머릿속에서와 마찬가지로 현실에서도 있을 데 있어야 마음이 놓인다 뿐이지 깨끗한 것을 좋아하는 결벽증하고는 다르다. 일주일에 한 번 도우미 아줌마가 오는 날 말고는 걸레질도 안 하고 살기 때문에 누워서 방바닥을 바라보면 엷은 먼지 위로 발자국이 찍힌 게 보일 적도 있지만 그건 아무렇지도 않다. 나는 그렇게 게으르고 무신경한 사람이다.

필요한 것들이 제자리에 가지런히 있다는 것은 내가 어디 있다고 믿고 있는 그 자리를 뜻하는 것일 뿐 보기 좋은 것, 능률적인 것하고는 다르다. 능률 면으로는 주방 서랍에 있어야 마땅한 것이 욕실 선반에 있다고 해도 내가 욕실 선반으로 기억하고 있는 한 있던 자리에 그냥 놔두는 것이 그것을 필요로 할 때 찾기에 편하다. 그만큼 머리가 융통성을 잃고 굳어졌으니 변화가 두려울 수밖에 없다. 못 쓰게 되지 않는 한 물건을 새로 장만하지 않는 것도 세간을 늘리면 그만큼 머리의 용량도 늘려야 하고 복잡해지기 때문이다. 복잡하다 못해 터질 것 같은 느낌은 정신착란의 예감처럼 기분이 나쁜데 기껏 물건에 치여 그런 느낌에 빠지긴 싫다. 이 정도의 기억력이라도 유지하려면 생활 주변부터 단순하게 만들어야 할 것 같은 느낌은 단지 느낌일 뿐 증명된 과학은 아니기 때문에 누구에게 권하거나 풍기지 않고 혼자 지키려고 노력하지만 실은 그걸 지키기도 쉽지는 않다.

특히 책에 있어서 그렇다. 십 년 전 이사할 때 책을 왕창 정리했다. 거긴 아파트였고 그 아파트엔 주민들이 읽던 책을 꽂아놓으면 자연스럽게 돌려볼 수 있는 책장이 지하로 내려가는 층계참에 마련돼 있어 내가 그 작은 도서관의 주 공급원主供給源 노릇을 해왔다. 내 서가에서 책을 솎아내기가 그만큼 쉬웠던 것이다. 솎아냈다고 해서 알짜배기만 남겼다는 뜻은 아니다. 글 쓸 때 참고해야 할 사전류나 전문서적을 공동의 서가에 내준 적은 없고, 소설이나 수필, 시집 같은 서명이 있는 것은 안 내주었고, 소장하고 있다가 때때로 꺼내보고 싶은 책도 함부로 내돌리지 않았다. 그러나 딸들이나 손자들, 책을 좋아하는 친구나 이웃이 빌려달라면 서명이 있는 책이나 애장본이라도 아낌없이 빌려주고 안 돌려줘도 찾지 않는 게 나의 후한 책 인심이었다. 빌려주고 안 돌아오는 책이 다시 보고 싶으면 사보면 된다는 생각이다. 나도 책 팔아먹고 사는 사람이니 책 인심이 박해서도 안 되지만 좋은 책은 팔아주는 게 동업자끼리의 의리라고 생각한다. 한 달에 평균 너덧 권씩의 책을 사고 몇십 권씩을 솎아내건만 책장은 늘 넘쳤다. 방바닥에 쌓아놓는 건 제목이 일목요연하지 않아서 싫고 어떡하든지 책장에 꽂자니 본의 아니게 침대에 맞춰 발을 자르는 못할 노릇도 책한테 저질렀다.

단독주택으로 이사하면서 서재는 아파트보다 별로 넓히지 못했어도 지하에 서고를 하나 마련했다. 비로소 책을 헐렁하게 꽂을 수 있었다. 여기저기에 여유롭게 삐딱하게 서 있는 책을 보니 그렇게 기분 좋을 수가 없었다. 내가 책이 된 것처럼 숨통이 트였다. 거의 대부분의 책들은 삐딱한 생각을 담고 있으니 삐딱하게 서 있어야 마땅하다는 걸 왜 이제야 알았을까. 책장에 책이 헐렁하고 삐딱하게 서 있으면 꺼내 보기는 또 얼마나 편한가. 나는 내 책도 나처럼 공간욕을 가지고 있는 것 같은 동류의식을 느꼈다. 그러나 내 책들에게 이런 행복감을 준 것은 그리 오래가지 않았다. 아파트에서 단독주택으로 이사하고 난 후의 지난 십 년간은 내가 느끼기에 책 출판이 폭발적으로 늘어난 시기와 맞먹지 않나 싶다. 신인들도 등단한 지 얼마 안 돼 책을 내고 원로들의 전집 출판도 늘어나 기증본 사인본만 해도 주체할 수 없게 되었다. 다시 서가와 서고가 빈틈없이 되었고, 여기저기 쌓아놓을 수밖에 없는 지경에까지 이르렀다. 자연히 내가 책을 솎아내는 방법도 다양해졌다. 겹치는 책을 우선적으로 솎아내는데 오래된 책보다는 근래에 나온 책을 남겨놓게 된다. 오래된 책은 세로쓰기거나 활자가 작기 때문에 내보내는 것이니 솎아낸다기보다는 물갈이라고 하는 게 맞을지도 모르겠다. 읽기 위주이지 소장 위주가 아니다. 옛날 책을 오래 소장하고 있으면 그중에는 희귀본도 있을 법하지만 내가 갖고 있는 옛날 책은 거의 다 일본책이고 그 정도의 일본책은 일본 고서점가에 쌔고 쌘 걸 봤다. 그렇다고 겹치는 책 중에서 무조건 근래에 조판한 것만을 선호하는 건 아니다. 제목만 보고도 처음 읽었을 때의 행복감이나 감동이 젊은 날 그랬던 것처럼 가슴을 설레게 하는 책은 못 버린다. 책으로 젊은 피를 수혈할 수도 있다고 믿는 한 나는 늙지 않을 것이다.

나로서는 책을 대접하는 데 최선을 다한다고 믿고 있지만 워낙 쏟아져나오는 출판물의 양이 많다 보니 단지 서가를 헐렁하게 유지하는 것만도 이렇게 힘에 부쳐서야, 절로 한탄을 하게 된다. 그럴 때는 나도 모르게 책에 대한 대접이 난폭해져서 동업자들한테 미안해할 적이 많다.

나에게는 책 자체를 끔찍하게 애지중지하던 할아버지의 피와, 할아버지가 돌아가신 후 며느리들과 함께 당신들이 읽던 언문책만 빼고는 할아버지의 한적을 모조리 물에 불려 먹물을 빼고 절구에 찧어 가볍고 튼튼한 커다란 함지박을 만들면서 희희낙락하던 할머니의 피가 같이 섞여 있는 것이다. 참고로 말하자면 그건 그때 우리 집안 여인들이 특별히 난폭하거나 독창적이어서 책으로 그릇을 만들 생각을 한 것은 아니고 일제가 농촌의 놋그릇을 모조리 빼앗아 가 그릇이 귀해졌을 때

한지를 불려서 묽게 쑨 풀과 함께 찧어서 그릇을 만드는 게 우리 고장에서 크게 유행했었다. 그렇게 만든 그릇은 가볍고 단단해서 마른 곡식을 저장하는 데 유용했다. 치자 물을 들이고 콩기름을 발라 서로 아름다움을 다투기도 했다. 다들 작은 그릇밖에 못 만들었는데 우리 집은 한서가 많아 큰 함지박을 만들 수 있는 걸 할머니는 몹시 흐뭇해하셨다.

책을 귀하게 여기는 마음과 지겨워하는 마음이 같이 있는 것은 옛날에 비해 책이 흔해지고 내 안목으로는 잘 분간이 안 되는 허접한 책, 겹치기 책이 많아졌다는 것하고도 관계가 있겠지만 피는 못 속인다는 생각도 든다. 그래도 내 서가가 자식들과 손자들이 즐겨 찾는 가족 공용의 도서관 구실을 하고, 또 책들을 보낼 수 있는 곳도 몇 군데 정해놓고 있어서 서가에서 책이 질식하는 걸 막아주고 있다. 바쁜 사람의 휴식을 흔히 충전한다고 말한다. 휴식은 어디까지나 일을 위해 있다는 소리이다. 그러나 요즘의 나를 바라볼 때 아무것도 안 하는 동안의 달콤한 충족감을 즐기기 위해 일을 하는 것 같다. 일로 충전을 안 하면 휴식은 심심하고 무료한 시간밖에 안 될 테니까. 생활을 단순화해서 주변의 빈자리를 많이 확보하고 싶은 공간욕도 그런 정신상태와 무관하지 않을 것이다.

일전에는 신축한 우리 본당 도서실에 보낼 책을 추릴 때였다. 거기도 도서실이라기보다는 휴게실 한쪽 벽면에 누구든 마음대로 꺼내볼 수 있게 마련된 서가이다. 그래도 성당이라는 걸 감안해 아이들과 엄마가 같이 볼 수 있는 동화나 교양서적, 종교적인 명상집을 우선적으로 고르게 된다. 일본의 가톨릭 작가 엔도 슈사쿠의 책을 여러 권 갖고 있어서 그중에서 번역본인 『사해 부근에서』를 시집보내는 책에 포함시키기로 했다. 90년대에 출간된 책으로 옮긴이는 작고한 작가 이석봉으로 돼 있었다. 내용은 잘 생각이 안 나지만 책 중간에 접힌 자국이 삐죽이 나와 있어 이상하게 여기고 펼쳐보게 되었다. 접힌 페이지에는 연필로 밑줄까지 쳐 있어 처음엔 이건 내 책이 아니라고 생각했다. 나는 버릇이 읽던 페이지에는 반드시 표시가 될 만한 걸 끼워놓지 접지 않을 뿐 아니라 읽다가 기억해 두고 싶은 좋은 문장을 발견했다고 해도 밑줄이라는 걸 쳐본 적은, 절대로라고 해도 좋을 만큼 없었기 때문이다.

나는 남이 해놓은 것처럼 호기심 반 경멸하는 마음 반으로 밑줄 친 부분을 읽어가면서 그 밑줄은 내가 친 게 틀림없다는 걸 인정 안 할 수가 없었다. 책 내용이 생각났을 뿐 아니라 그때의 내 마음상태까지 어제 일처럼 선명하고 고통스럽게 떠올랐기 때문이다. 그 책은 2차대전 말기, 인기가 없다 못해 구박까지 받는 가톨릭계 대학을 나와, 하나는 작가가 되고 하나는 이스라엘에서 성서학을 공부하는 두 사람의 동창이 예루살렘에서 만나 사해 부근을 여행하며 대학교 시절의 신부나 수사교수들과 동료들을 회상하기도 하고, 신에 대한 회의적인 생각을 나누기도 하는 장章과, 성서에 나오는 인물들을 성서에 기록된 대로가 아니라 작가 마음대로 상상한 허구의 장이 번갈아가며 나오는 형식으로 구성돼 있다.

내가 접어놓고 밑줄까지 쳐놓은 부분은 예수가 처형되기 전 총독 빌라도와 대면하는 장면이다. 성서에는 빌라도가 예수에게 네가 유대인의 왕인가라고 물으니 예수께서는 그것은 네 말이다, 라고 대답한 걸로 돼 있다. 사복음서가 똑같이 증언하고 있으니 그건 사실에 가까울 것이다. 그러나 엔도가 쓴 그 장면은 소설이니까 좀 다르다. 내가 밑줄 친 부분을 그대로 옮기면 다음과 같다.

유령처럼 그 사나이(예수)가 다시 집무실 입구에 세워졌다. 사나이의 야윈 손에는 갈대 잎이 쥐어져 있었다. 빌라도는 침묵 속에서 사나이가 자기를 지켜보고 있다는 것을 알았다.

"나로서도 어떻게 할 수가 없네."

빌라도는 지친 목소리로 말했다.

"그대는 죽지 않으면 안 될 것 같네. 그대를 따라다니던 자들은 다 어디로 갔나?"

사나이는 계속 빌라도를 바라보기만 했다.

"민중이란 그런 거지. 그런데 왜 돌아왔나? 왜 나를 말려들게 하나? 나는 편한 마음으로 예루살렘에서 가이사리아로 돌아가고 싶었는데……."

"나는 …… 한 사람 한 사람의 인생을 스쳐 간다고 말했습니다."

"그렇다면 내 인생도 스쳐 갈 셈인가?"

"그렇습니다."

"그리고 내 인생에도 그대의 흔적을 남길 셈인가?"

세이아누스의 저택에서 마룻바닥을 닦고 있는 꿈속의 어머니, 그것이 또 망상처럼 떠올랐다. (빌라도는 하층계급 출신이었으나 로마 귀족 세이아누스의 신임을 얻어 유대 총독까지 되었지만 자신의 신분 유지를 위해 어머니를 몰라라 해서 어머니는 세이아누스 저택의 청소부로 살다가 죽었다.)

"나는 그대를 잊을 걸세."

그는 사나이에게가 아니라 마음속에 떠오른 어머니의 얼굴을 향해 그렇게 말했다. 사나이의 몸이 조금 움직였다. 그리고 나직하지만 강한 확신이 담긴 목소리로 말했다.

"당신은 잊을 수 없을 겁니다. 내가 한 번 그 인생을 스쳐 가면 그 사람은 나를 잊지 못하게 됩니다."

"왜지?"

"내가 그 사람을 언제까지나 사랑하기 때문입니다."

빌라도는 놀라서 얼굴을 들었다. 그때 창밖에서는 바라바를 살리고 예수를 죽이라는 군중의 고함 소리가 합창처럼 들려왔다.

괄호 안은 내가 붙인 과잉친절이고 위에 인용한 것이 밑줄친 문장의 전문이다. 연필로 친 밑줄은 희미한데 '스쳐 간다'에만 몇 겹이나 진하게 덧칠이 돼 있다. 그 밑줄 때문에 그날 그 책을 기증하는 책에서 제외시켜 간직하고 있다.

독자가 책에 밑줄을 긋는 것은 그게 명문이기 때문이 아니

라 읽을 당시의 마음상태에 와 닿기 때문일 것이다. 바로 그
점 때문에 밑줄 긋는 일을 기피했다면 그것도 일종의 허영심
이었을 것이다. 우리가 여학교 다닐 때는 책이 귀할 때여서 그
때 읽은 대부분의 책은 빌려 보았다. 달콤한 연애소설은 순번
을 정하고 돌려볼 정도로 인기가 있었다. 남들이 보던 책이니
까, 특히 세계명작으로 알려진 책에서는 밑줄이 그어진 문장
을 발견하는 수가 드물지 않았다. 남의 밑줄을 보는 게 당시
건방기 많은 소녀에게는 은밀한 쾌감이 되지 않았나 싶다. 겨
우 요 정도의 문장이 뭐가 좋다고 밑줄씩이나, 유치하긴, 하는
우월감까지 먼저 읽은 동무들에게 느꼈을 것 같다. 그런 나는
얼마나 겁쟁이인가. 남이 나를 그렇게 경멸할지도 모른다는
생각 때문에 밑줄 같은 건 절대로 안 칠 것 따위나 신조로 삼
았으니.

밑줄 친 그 책의 출판 연도를 보면서 역시나 하고 내 생애에
서 가장 힘들었던 시기를 떠올렸다. 심한 불면증과 곧 죽을 것
같기도 하고, 죽고 싶기도 한 고통과, 그걸 아무도 눈치채게
해서는 안 된다는 잘난 척 때문에 심신이 마모돼갈 때였다. 그
래도 그때가 가장 살고 싶어한 때가 아니었나 싶기도 하다. 그

때 열심히 매달린 게 하느님이었으니까. 그전에 갖게 된 신앙 때문에 그런 극한상황에 매달릴 데가 있다는 게 그나마 다행이었으나, 아무리 매달려도 잡히지 않는 게 하느님이었다. 이 고통이 무슨 뜻이냐고 피 토하게 외쳐도 대답 없는 게 신이었다. 그런 막다른 골목에서 그 문장을 만난 것이다. 그건 아마도 작가가 심혈을 기울여 심오한 뜻을 담아낸 명문어사여서가 아니라 검부락지라도 잡고 싶은 내 절박한 심정과 맞아떨어졌기 때문일 것이다. 그 밑줄 친 문장이 당장 고통을 벗어나게 해주었다는 얘기는 아니다. 지금 나는 보통 노인과 다름없이 내 건강이나 우선적으로 챙기며, 내 속으로 낳은 자식들과 그들이 짝을 만나 새롭게 만든 가족들의 기쁜 일을 반기고 어려움을 나누며 정상적으로 평범하게 살고 있다. 이렇게 되기까지 소리 없이 나를 스쳐 간 건 시간이었다. 시간이 나를 치유해줬다. 그렇다면 시간이야말로 신이 아니었을까.

앞으로 몇 년이나 더 글을 쓸 수 있을지는 모르지만 작가로서의 나의 새로운 다짐이 있다면 남의 책에 밑줄을 절대로 안치는 버릇부터 고쳐볼 생각이다. 내 정신상태 내지는 지적 수준을 남이 넘겨짚을까 봐 전전긍긍하는 것도 일종의 잘난 척,

155

치사한 허영심, 더 정확하게 말하면 자폐증이라고 생각되자, 그런 내가 정떨어진다. 자신이 싫어하는 나를 누가 좋아해주 겠는가. 나를 스쳐 간 시간 속에 치유의 효능도 있었던 것은 많은 사람들의 사랑이 있었기 때문일 것이다. 신이 나를 솎아 낼 때까지는 이승에서 사랑받고 싶고, 필요한 사람이고 싶고, 좋은 글도 쓰고 싶으니 계속해서 정신의 탄력만은 유지하고 싶다.

그나저나 시간은 왜 이렇게 빨리 가지. 고통의 기억뿐 아니 라 기쁨의 기억까지 신속하게 지우면서. 나 좀 살려줘, 비명을 지르며 뛰어내리고 싶게 시간은 잘도 가는구나.

야다리 밑에서

주워 온 아이

　며칠 전 동향의 K 화백과 잡담을 나누다가 화제가 자연스럽게 고향 이야기로 흘렀다. 갈 수 없는 이북 땅에 고향을 둔 사람들끼리 만나면 단 몇 마디라도 고향 이야기를 나눠야 신도 나고 친밀감도 돈독해지는 걸 보면 신기하기도 하고 약간은 슬퍼지기도 한다. 가서 현장을 확인할 길이 없어서 오로지 유년기 추억에 고정된 고향은 당연히 지상의 낙원이다. 이남에 고향을 둔 이들이 개발과 산업화로 고향산천이 발랑 까진 도시가 되거나, 흔적도 없이 수몰된 걸 개탄하는 소리를 들을 때마다 추억 속에만 있는 고향은 변할 리가 없어서 오히려 다행이란 생각이 들기도 한다. 실향민 중에서도 고향을 미화하는 데 단연 으뜸가는 사람들이 개성 사람들 아닐까. 산천 자랑, 역사와 풍속 자랑, 음식 자랑 등등 일단 말만 나오면 해도 해도 끝이 없이 이어진다. 하다못해 개성의 부녀자들은 빨래와 청소를 좋아한다는 것까지 자랑거리가 된다. 설마하니 빨래나 청소를 취미로 했겠는가. 여자들을 부리는 데 있어서 타지방보다 더 혹독했다는 이야기도 되련만 그것까지도 미화하려 든다.

그러나 이번엔 그게 아니라 어릴 적에 어른들한테 야단맞던 얘기를 하게 됐다. 왜 그런 얘기가 나왔느냐 하면 K 화백이 서울 본토박이를 자처하는 사람으로부터 질문을 하나 받았는데 개성 사람들은 예로부터 걸쭉하고도 상스러운 욕을 잘한다는데 정말 그러느냐는 질문이었다고 한다. 아마 K 화백도 나처럼 말끝마다 고향을 미화하는 소리만 하니까 샘이 난 서울 사람이 약을 올려주려고 그런 곤란한 질문을 했을지도 모르겠다. 그렇게 눙쳐 생각하면서도 글쎄 어릴 적에 어른들이나 동무들한테서 들은 욕이 뭐 뭐 있더라, 생각해보게 됐다.

길고도 행복했던 어린 날의 추억 중에서 하필이면 욕을 떠올려야 한다는 게 재미없었던지 개성 지방만의 특별한 욕이 생각나지 않다가 K 화백이 먼저 무릎을 쳤다. 바로 그거였다. "야다리 밑에서 주워 온 아이." 어른들한테서 야단맞을 때, "쟤는 야다리 밑에서 주워 왔나, 왜 저렇게 말을 안 들어"가 가장 흔한 욕이었다. 아이들끼리도 수틀리면 얼레리 꼴레리 누구누구는 야다리 밑에서 주워 왔대요, 하고 놀리곤 했다. 아주 흔한 욕이어서 개성 아이치고 야다리 밑에서 주워 오지 않은 아이는 없다고 해도 과언이 아니었다. 그런데도 당시에는 그 소리가 왜 그렇게 서러웠는지 울고불고했던 생각이 어제인 듯 생생했다.

아기는 엄마 배꼽에서 나온다고 가르칠 때였다. 성교육 같은 건 전무했다. 초등학교 들어갈 무렵이 되고서야 그게 아니라는 걸 어렴풋하게나마 짐작했다. 어른 아이 할 것 없이 다들 허술하게 입고 살 때였지만 배꼽을 내놓는 건 질색이었다. 아이들이 특히 계집애가 아무렇게나 뒹굴다가 낮잠을 잘 때 배꼽이 나와 있으면 어른들은 질색을 하고 배꼽만이라도 가려주었다. 배꼽을 그렇게 중요하게 여기는 것도 아기가 나오는 데니까 그러려니 했다. 어른 아이 식구들끼리 배꼽에서 배꼽으로 이어진 연속성과 소속감은 정서적으로 여간 편안한 게 아니었다. 그런데 느닷없이 야다리 밑에서 주워 왔다니. 내쫓길 정도로 야단맞은 것도 아닌데도 뛰쳐나가 굴뚝 모퉁이 같은 데서 청승을 떨곤 했다.

예전엔 서울 시내도 그랬지만, 개성에도 시내 도처에 개울물이 흐르고 있었다. 대문 밖만 나가면 도로를 긴 개울물을 만날 수 있었다. 서울선 시내의 크고 작은 하천들을 통틀어 개천開川이라고 불렀는데 복개되기 전의 개천은 늘 냄새나는 구정물이어서, 몹시 더럽거나 천한 걸 흔히 개천에 비유해서 말하곤 했다. 주택가를 그물망처럼 흐르는 개울물을 개성 사투리로는 나깟줄이라고 불렀다. 나깟줄물은 산간의 계곡물처럼 맑고 깨끗해서 부녀자들은 그 물에서 빨래나 마전을 하기를 즐겼고, 그래 그런지 개성 사람 옷은 희기로 유명했다. 나깟줄이 골목길처럼 도처에 분포돼 있으니 자연히 다리도 많았다. 돌다리, 나무다리, 외나무다리, 흙다리까지 다리도 많고, 이름 없는 다리도 있지만 전국적으로 유명한 다리도 있었다. 고려 말의 충신 정몽주의 충절이 핏자국으로 남아 있는 선죽교가 그런 다리이다.

개성을 송도라고 부를 때부터 그 고장 사람들이 사랑한 다리로는 병부교兵部橋라는 다리가 있다. 다리가 예뻐서가 아니라 전해 내려오는 예쁜 전설 때문에 사랑을 받은 것 같다. 송도에 현금이라는 아름다운 처녀가 있었다. 처녀가 열여덟 살때, 병부교 밑에서 빨래를 하고 있는데 다리 위를 지나가던 얼굴이 단아하고 의관이 화려한 선비가 처녀를 눈여겨보면서 웃음 짓기도 하고, 손짓을 하기도 하는지라 처녀도 마음이 움직였다. 선비가 한참 그러다가 가버린 줄 알았는데 날이 어두워져 같이 빨래하던 처녀들이 다들 집으로 돌아간 후 다시 나타나더니 다리 위에서 아름다운 목청으로 노래를 불렀다. 그러고 나서 처녀에게 물을 청했다. 처녀가 표주박에 물을 가득 떠서 주니 선비는 반만 마시고 돌려주면서 처녀에게도 마셔보라고 했다. 처녀가 받아 마셔보니 물이 아니라 향기로운 술이었다. 기이한 술기운에 두 사람의 마음이 다 황홀한 중에 사랑에 빠지고 그 후 처녀가 아기를 배 열 달 후에 여아를 낳으니 산방에도 기이한 향기가 가득했다. 여아가 자라 황진이라는 명기가 되었다는 게 병부교에 전해 내려오는 이야기이다.

거기 비하면 야다리에 전해 내려오는 이야기는 좀 썰렁하다. 송도는 고려의 서울이었고 고려가 멀리 아라비아 상인하고까지 교역하고 그들이 송도 거리를 활보한 흔적들은 고려가사에서 엿볼 수 있다. 야다리는 개성에서 서울로 오는 국도를 타려면 그 다리를 거쳐야 하는, 개성 시내에서는 젤 남쪽 끝에 있는 다리이다. 다리 밑을 오천이라는 개울이 흐르는데 오천은 사천강의 지류이다. 고려시대엔 서해의 밀물이 사천강을 거쳐 오천까지 차올랐기 때문에 서역에서 오는 상인들의 배가 육지를 거치지 않고 송도까지 올 수 있었다. 고려 태조 때는 거란 왕이 보낸 사신 30명과 낙타 50필을 실은 배가 야다리 아래까지 와서 수교를 청하였다. 고려 태조는 거란이 동족인 고구려 유민이 세운 발해를 침략해서 멸망시킨 것을 괘씸하게 여겨 수교를 거절했다. 사신 30명은 귀양을 보내고, 낙타 50마리는 야다리에 매 놓은 채 방치해서 종당엔 굶어 죽게 했다.

그 다리에다가 낙타를 매 놓기 전의 다리 이름은 만부교였다고 한다. 낙타가 굶어 죽고 나서 사람들이 낙타교駱駝橋 또는 낙교라고 부르다가 낙타를 흔히 약대라고 부르는 속어를 따르다 보니 야다리가 된 거였다. 사신을 꾸짖어 귀양 보낸 건 국가의 위신을 위해 잘한 짓이었다 해도 말 못하는 짐승이 무슨 죄가 있다고 굶겨 죽이기까지 했을까. 하긴 건조하고 광활한 땅에 살던 짐승을 이 비옥하고 아담한 땅에서 기르기도 난감했을 터. 다리 이름을 고쳐 부르기까지 한 걸 보면 말 못하는 짐승에 대한 연민 같은 게 느껴진다.

야다리에 얽힌 이야기는 이렇게 썰렁하고도 슬프다. 또 그 고장을 떠날 때 말고는 건널 일이 없는 경계의 다리이다. 왜 수많은 친밀한 다리 다 놔두고 개성 사람들은 하필 개성 아이들을 야다리 밑에서 주워 온 아이로 만들었을까. 내가 그걸 이상하게 여기자 K 화백이 아니, 그것도 모르느냐고, 정말 그것도 모르느냐고 재차 반문하면서 나를 바보 취급했다. 해답은 간단했다. 야다리는 양다리가 아니겠느냐는 거였다. 양다리 밑에서 주워 온 아이, 그러고 보니 말이 되는 소리였다.

구형예찬 球型禮讚

이 나이에도 자신에 대해 모르는 게 너무 많다. 우리나라에서 월드컵 경기가 열리기 전까지 나는 내가 축구에 열광할 수 있으리라는 걸 꿈에도 몰랐다. 게임에도 감동이 있다는 것도 처음 알았다. 운동경기를 싫어한다고까지는 할 수 없지만 그냥 무심한 편이었다. 오죽 무심했으면 개막식에 갈 수 있는 기회도 아무렇지도 않게 놓쳐버렸을까. 나는 몇 년째 명색이 유니세프 친선대사 노릇을 하고 있는데 아마 유니세프 앞으로 개막식 초대권이 몇 장 할당된 모양이었다. 월드컵이 개막되기 한 달도 너머 전에 그 표를 보내주겠다는 연락이 왔다. 두

장 줄 수 없냐고 했더니 몇 장 안 나왔기 때문에 안 된다고 했다. 대학생 손자 둘을 생각해서 그런 거였는데 두 놈 다 보낼수 없으면 한 놈이라도 가라고 하면 마다하지는 않을 것 같아처음엔 한 장이라도 받을 생각이었다. 주민등록번호를 비롯해서 내 인적사항을 알려 달라기에 그런 게 왜 필요하냐고 물었더니 그 표는 본인 아니면 안 되는 표라고 했다. 나는 처음부터 갈 생각이 없었기 때문에 양도할 수 없는 표를 받을 까닭이 없었다. 그래서 간단히 포기한 거였는데 나중에 그 얘기를 들은 식구들은 어떻게 그런 기회를 놓칠 수가 있냐며 마치몇십억에 당첨된 복권을 모르고 찢어버린 등신 취급을 했다. 나는 그때까지도 상암 경기장이 어디 붙었는지도 몰랐고, 그런 소문난 행사라면 떠오르는 건 엄중한 소지품 검사와 지루한 기다림과 교통난과 뙤약볕과 외국인에게 보여주기 위한한국적인 게 다였기 때문에 내가 그걸 놓친 걸 별로 후회하지않았다.

그런 축구 맹문이가 개막경기부터 축구에 푹 빠질 줄이야. 세네갈과 프랑스가 붙은 개막전을 집에서 TV로 보면서 축구경기가 얼마나 재미있는지 처음 알았다. 한 번도 마음으로부터 공감한 적이 없는 '검은 것이 아름답다' 라는 말에 공감 정도가 아니라 박수갈채를 보내고 싶을 정도로 세네갈의 검은 선수들에게 매료됐다. 내가 응원할 팀을 미리 정해놓고 보는 것도 초보가 경기를 재미있게 보는 한 방법이었다. 무엇보다도 일품은 그들의 골 세레모니였다. 어떻게 저런 춤을 출 수 있을까. 그 기쁨, 그 신명, 그 자유, 그 가벼움은 현재 진행형이면서도 그들 핏줄의 먼 근원으로부터 샘솟는 것처럼 유구해 보였다. 저런 나라는 도대체 어디 붙었을까. 얼마 전까지 프랑스 식민지였던 신생독립국가라던가, 인구가 얼마, 국민소득이 얼마 따위 공식자료는 하나도 중요하지 않았다. 저런 신선한 에너지와 신명을 분출시킨 땅이 어디 붙었으며 어떻게 생겼는지 내 눈으로 확실하게 하고 싶었다. 세계지도를 펼쳐놓고 아프리카 대륙 서쪽에 붙은 그 나라를 확인했다. 비로소 세네갈이 내 의식 속의 세계무대에 등장했다. 여태까지의 내 골통 속의 세계지도는 얼마나 단순 무지몽매했던가.

한국이 16강전에서 4강전까지 가는 동안 내 눈을 의심할 정도로 믿어지지 않았던 건 세계가 놀랐다는 한국의 축구 실력이 아니라 붉은 악마였다. 어떻게 'Be the Reds'에 너도나도,

아빠의 어깨 위에 올라앉은 두 살배기부터 머리가 허연 늙은 이까지 얼씨구 호응을 해 붉은 셔츠를 떨쳐입고 광장을 찾아 거리로 뛰쳐나갈 수가 있을까. 나처럼 평생을 빨갱이 콤플렉스에 짓눌려 산 세대에게는 붉은색을 단지 역동적이고 정열적이고 아름다운 기쁨의 색일 뿐이라고 알고 있는 새로운 세대가 마치 신인류의 등장처럼이나 눈부셨다. 붉은색은 떠오르는 태양도, 젊은 피도, 노을도, 장미도, 봉숭아도 취할 수 있는 순수하고 진한 원색일 뿐이라는, 태곳적부터 있어온 사실이 왜 그렇게 놀랍고 신선했던지. 그럴 수밖에 없었던, 우리 세대만의 붉은색과의 악연 먼저 짚고 넘어가야 할 것 같다.

한창 꽃다운 나이에 나라가 분단되고 그 후 우리는 공산주의를 신봉하는 북조선과, 남한에서도 좌익 이념을 가진 사람들을 한데 싸잡아 빨갱이라고 불렀다. 북조선에서 반동분자로 지목되는 게 치명적이었던 것처럼 이 땅에서는 빨갱이로 몰리는 게 가장 가혹한 따돌림이었다. 빨간 빛깔이 연상시키는 건 떠오르는 태양도, 젊은 피도, 노을도, 장미도, 봉숭아도 아니고 특정 이념이었다. 여북해야 50년 6월부터 석 달 동안 서울이 인민군 점령하에 들었을 때 청·장년층은 거의 다 외출을

삼가고 숨어 지냈지만 부득이 나갈 일이 생겼을 때는 깊숙이 눌러쓴 밀짚모자에 붉은색 리본을 달고 나갔을까. 붉은 형겊을 가늘게 오려서 만든 리본을 와이셔츠 단추 구멍에도 매달고 자전거 핸들 앞에도 매달았다. 그들이 그렇게 시킨 것도 아닌데 너도나도 그렇게 했다. 아마 무서워서 지레 겁을 먹고 그렇게 했을 것이다. 나도 빨갱이다. 혹은 나는 빨갱이한테 적대적인 사람이 아니니 잘 좀 봐달라, 대강 이런 의사표시가 아니었을까. 행인에 대한 검문이 심할 때였다. 빨간 리본의 부피만큼이라도 동질감을 표시해서 그 난세를 살아남으려고 했다. 그렇게 수단껏 비굴하게 살아남은 후엔 행여 빨갱이로 몰릴까봐 먼저 남을 빨갱이로 몰아 선수를 치기도 하고, 미운 놈이나 정적을 파멸시키기 위해 빨간 빛깔을 이용하기도 했다. 오랜 세월을 이렇게 빨간 빛깔에 가위눌려 살아온 우리 세대는 지구상에서 좌우의 이념대결이 무의미해지고 남북이 말을 트기 시작한 후에도 빨간 빛깔에 대한 거의 미신적인 피해의식으로부터 놓여나지 못했다. 우리에게 빨강은 의식의 한 올을 가시처럼 찌르고 잡아당기는 이상한 빛깔이었다. 빛깔 속에 가시나 이념이 들어 있을 리 없건만 오랜 편 가르기와 눈치 보기가 없는 걸 있는 것처럼 헛보이게 했다. 붉은 악마들은 우리 세대의 이런 고질적이고도 황당한 빨간 빛깔과의 악연을 단숨에 날려버렸다. 그들은 아무의 눈치도 보지 않고, 아무런 선입관도 없이 곧이곧대로 빨간 빛깔을 다만 아름답고 정열적이고 눈에 잘 띄는 빛깔로 느꼈고 그 색채효과를 충분히 활용해 역동적인 축제 분위기를 만들고, 일체감을 뜨겁게 달구고, 기쁨을 만끽했다.

나는 그들이 눈부시게 신기하고 많이 부러웠지만 그들을 따라 하기는 역시 버거웠다. 세네갈 대 프랑스 경기를 통해 축구에 맛을 들이고 나서 한국이 첫 경기에서 폴란드를 이기자 내 마음속에서도 이변 같은 게 일어났다. 처음으로 꼭 16강에 들었으면 하는 욕심이 생겼고 욕심이 생기자 도대체 월드컵이 있기 전까지는 무슨 재미로 살았나 싶게 하루하루가 가슴이 울렁거리고 살맛이 났다. 집에 오는 손님하고도 축구 이전엔 무슨 말을 하고 살았는지 생각이 안 날 정도로 그 얘기밖에 할 게 없었고, 용건을 잊을 정도로 그 얘기로 시간 가는 줄 몰랐다. 느슨하거나 사무적인 인간관계에 생기와 탄력이 생겼다. 미국하고 붙는 날, 미국한테 지기는 싫다는 마음이 왜 그리도 절절했던지 초반에 선취골을 내주자 우리 선수들의 체력은 뒷심이 딸린다는, 어디서 언제 들었는지 모르는 옛날 얘기가 되살아나면서 불길한 생각이 들기 시작했다. 그때 황선홍 선수가 이마에서 피를 흘리며 쓰러졌다. 피를 보자 내 본색이 드러났다. 나는 비겁한 데가 있는 인간이다. 더 이상의 혈투는 보고 싶지 않았다. 나는 전력투구해야 할 결정적인 순간에 슬쩍 발을 빼고 뒤로 물러나는 나쁜 버릇이 있었다. 저렇게까지 해서 꼭 이겨야 될까. 계속해서 열광적인 응원을 보내는 붉은 악마도 너무 잔인해 보였다. 우리 선수들에게 가하는 응원의 압박으로부터 나 하나라도 빠져나오고 싶었다. 나는 TV를 껐다. 그날따라 혼자 보고 있었다는 게 얼마나 다행이었는지 모른다. 내 마음대로 딴청을 부릴 수 있었으니까. 급한 원고가 있을 때도 전혀 급하지도 중요하지도 않은 일을 하는 건 나의 못 말리는 고약한 버릇이다. 그날도 그 버릇이 도져 TV를 끄고 찬장 속의 것들을 끄집어내서 정리하기 시작했다. 하면서 연방 시계를 보았다. 가장 불필요한 일을 하는 한가한 시간을 또 다른 긴박한 시간이 주름잡고 있는 것처럼 감정의 혼란과 시간관념에 착란이 왔다.

경기 종료시간을 몇 분 남겨놓고 이제는 결판이 났겠지 싶어 TV를 켰다. 1대 1이었다. 동점골을 넣는 순간을 못 보다니. 방송국마다 그 순간은 물론이고 전 경기를 처음부터 끝까지 여러 번 재방송해주었기 때문에 못 봤다고는 할 수 없지만 모르고 보는 것하고 알고 보는 것하고는 다르다. 근데 어떻게 된 게 결과를 알고 봐도 재미가 있었다. 골문은 넓은 것 같지만 공이 뚫고 들어가 그물을 흔들게 할 수 있는 허점은 공의 크기만큼밖에 열려 있지 않다. 그 허점도 전광석화처럼 빠르게 돌파하지 않으면 더 이상 허점이 아니다. 공이 스스로 살아 있는 것처럼 그 절묘한 순간을 만들어내기까지는 여태까지 서로 부딪치고 갈등하고 날뛰고 뒤엉키던 힘들이 공의 심장부에 동시에 꽂히면서 눈부시게 폭발하지 않으면 안 된다. 초보가 동시간대로 경기를 볼 때는 골을 터뜨린 선수밖에 안 보이지만 재탕 삼탕을 볼 때 비로소 골을 만들어낸 힘의 조화가 보이고, 그게 재미 이상의 감동을 준다.

우리나라가 4강전까지 가는 동안 6월이 어떻게 갔는지 모르게 살맛나는 시간이 흘렀다. 만나는 사람마다 행복하고 생기가 넘쳐 보였고, 정신병원에 환자가 현저하게 줄었다는 소문도 들렸다. 정신질환 대부분이 우울증에서 비롯된다고 생각할 때 꾸며낸 소문이 아닐 수도 있었다. 그 무렵 이해인 수녀님이 인터넷에 올린 글을 보고 한바탕 웃은 생각이 난다. 수녀님의 언니도 수녀님인데 부산의 갈멜 수녀원에 계시다. 나도 한 번 찾아가 뵌 적이 있는데 창살을 사이에 두고서만 면회가 가능했다. 그렇게 엄한 갈멜의 규칙은 가족에게도 똑같이 적용된다고 했다. 언니 수녀 말고도 몇 분의 수녀님이 창살 너머에 나란히 앉아 환하게 웃으시면서 이쪽 얘기도 들으시고 성가도 들려주셨다. 성가는 천상의 목소리처럼 그 무엇에도 구애됨이 없이 투명하여 우리는 여러 곡을 청해 들으며 정신의 때가 씻겨 내려가는 듯한 기쁨을 맛보았다. 표정은 또 어쩌면 그렇게 명랑하고 꾸밈없이 자유스러운지, 창살 안이 우리 쪽이고, 수녀님들이 오히려 창살 밖의 광활하고 거침없는 세상에 있는 것 같은 착각이 들었다. 그렇게 인상 깊었던 갈멜 수녀원도 속세의 축구 열풍에서만은 자유롭지 못했나 보다. 동네가 온통 무슨 일이 난 것처럼 들썩거리는 게 갈멜 수녀원 안에까지 들리게 되어 마침내 수녀님들에게도 월드컵 경기 시청이 허락됐다고 한다. 축구경기를 시청하면서 언니 수녀님이

하셨다는 말씀, 세상에 이렇게 재미있는 게 있는 줄은 몰랐다고. 그건 내가 할 소리였다. 나는 온갖 쾌락이 득시글거리는 속세에 살건만 이렇게 재미있는 게 있는 줄은 이 나이에 처음 알았다. 경기마다 드라마요, 판타지였다. 천재적인 작가가 각본을 쓰고 연출한다 해도 구경꾼의 심장을 그렇게 완벽하게 압박하고 옥죄었다가 풀어줄 수는 없을 것이다. 인간이 만들어낸 각본은 어떤 천재의 두뇌에서 나왔다고 해도 예측이 가능하게 돼 있다. 그러나 이번 축구경기는 예측불허한 드라마였다. 그 예측불허 때문에 온 국민이 축구팬이 됐고, 축구팬이 된 이상 한 달 내내 가슴을 울렁거리며 살 수밖에 없었다. 생동하는 가슴의 박동을 느끼며 살 수 있다는 건 크나큰 축복이다.

우리나라가 마침내 4강에 들게 되는 스페인과의 대전은 처음으로 밖에서 여럿이 어울려 보게 되었다. 그전까지는 집에서 식구들하고 또는 혼자서 보다가 그날은 마침 교외에 있는 보육원에서 빠질 수 없는 행사가 있어 가게 되었는데 축구경기와 같은 시간대에 잡혀 있는 행사를 뒤로 미루고 행사장에 TV를 설치하고 응원의 장으로 만들어놓았다. 나는 처음으로 대~한민국을 목청껏 외쳐보는 흥분과 기쁨도 맛보았다. 그러

나 좀처럼 골이 터지지 않아 조바심이 나기 시작한 군중이 북
치고 장구 치며 구호를 외치기 시작하자 나는 또다시 고질적
인 비겁증이 도져 머리가 터질 것 같아 슬그머니 자리를 떴다.
우리 팀이 4강에 들기를 저들처럼 열렬히 바라지는 않는다는
자신에 대한 인식도 내가 참여한 자리를 불편하게 했다. 16강
에 들기를 그렇게 간절히 바라다가 8강까지 갔으면 초과달성
인데 4강까지 간다는 건 너무 넘치는 것 같아 불안했다. 넘치
는 것보다 조금 모자라는 듯할 때 편안한 게 나라는 인간의 그
릇의 한계이다. 또 우리 선수들의 발끝에 국가의 위상이 달린
것처럼 열광하는 애국심의 도가니도 내가 녹아들기엔 온도 차
가 너무 심했다. 열린 기쁨, 함께하는 즐거움이 아니라 혼자서
책을 읽을 때의 그 자폐적인 고독한 행복을 축구경기에서도
원했다면 누가 들어도 웃음거리밖에 안 될 테지만 대부분의
경기에서 그게 가능했던 것은 아마도 배우는 즐거움 때문이었
을 것이다. 차범근의 해설은 나 같은 맹문이가 축구가 뭐라는
걸 눈뜨는 데 친절한 길잡이가 되었다.

월드컵의 열기가 최고조에 달했을 때 지방자치단체장 선거
가 있었다. 예상대로 투표율은 저조했다. 우리의 정치 무관심,

정치 냉소주의를 우려하는 소리도 높았지만 나는 그동안처럼 우리 국민이 열정적으로 정치적인 의사표시를 한 적은 전무후무했다고 생각한다. 우리 팀이 기대 이상의 선전을 함에 따라 경기마다 뜨는 선수가 생겼고, 신화가 탄생했지만 처음부터 끝까지 부동의 스타는 히딩크였다. 단시일 내에 우리 팀을 세계적인 팀으로 거듭나게 한 그의 비결인 히딩크 어록도 당연히 만인에 회자됐다. 선수들이 그동안 누려온 기득권이나 인기, 인맥, 청탁 등을 배제하고 철저하게 실력 위주로 선수를 선발해 혹독하되 인격을 무시하지 않는 강훈련을 시켰다는 건 하나도 특별할 것이 없는 인사권자의 기본원칙에 불과했다. 그런데 우리가 그 원칙적인 소리에 장님이 눈 뜬 것처럼 감동했던 것은 우리 정치에 결여된 게 바로 그거였기 때문이 아니었을까. 그의 원칙적인 지당한 말씀은 인기를 노린 것도 누구의 흉내를 낸 것도 아닌 그의 일관된 소신에서 우러난 거였고, 행동에 옮겨 써먹은 거였기 때문에 명언으로 들렸다. 소신 있는 단순 정직한 말솜씨 또한 우리 정치지도자에게는 결정적으로 결여된 거였다. 지도자를 자처하는 분들이란 소신 같은 건 처음부터 있지도 않은 데다 눈치껏 인기만 노린 엉터리 발언과, 아무리 갈아봤댔자 변하지 않는 누적된 관행인, 어려웠을 때 도와준 가신한테 발목을 잡힌 은혜 갚기 식 인사에 얼마나 넌더리가 나고 절망했으면 히딩크를 대통령으로 고용하자는 농담까지 나돌았을까. 히딩크가 승리에 굶주렸다고 말한 것처럼 우리는 그동안 정치가의 페어플레이에 굶주렸었다. 오죽해야 차범근이 호나우두가 결승전에서 첫 골을 터뜨렸을 때 흥분을 감추지 못하고 한 말, 스타는 가만히 있다가도 결정적인 순간에 폭풍처럼 상대방의 조직을 한꺼번에 허물어버리고 경기를 활기 넘치는 새로운 국면으로 접어들게 한다는 찬탄을 빌려다가 우리도 어디서 새로운 정치지도자가 혜성처럼 나타나지 않는 한 차곡차곡 누적된 부정과 부패의 관행을 새로운 국면으로 바꿀 수는 없을 것이라고 비관하는 소리까지 나왔겠는가.

내가 가장 감동적으로 본 경기는 우리가 터키하고 붙은 3, 4위전이었다. 8강에만 들어도 만족이라고 생각했으니만치 꼭 3위가 되길 바란 건 아니었다. 그러나 여태까지 우리 선수가 얼마나 잘 싸웠다는 걸 보아왔기 때문에 3대 1로 지는 건 좀 너무하다 싶었다. 그때 나는 손자하고 보고 있었는데 3대

1이 너무 오래가자 조바심이 나서 자꾸 손자한테 말을 시켰다. 애야, 제발 3대 2로 졌으면 좋겠다. 적어도 대~한민국이 3대 1로 지면 너무 치욕스러울 것 같지 않니? 이러면서 한 골만 더를 갈망하며 조바심치던 심정은 누가 뭐래도 애국심이었을 것 같다. 우리로서는 마지막 경기가 되는 이 경기는 내 소원이 이루어져서도 기뻤고, 양국이 같이 기뻐하며 화해롭게 끝난 것도 인상적이었다. 그러나 바로 그날 우리 국군의 적지 않은 전사자까지 낸 서해교전 소식은 즐기던 마음에 극심한 혼란을 가져왔다. 저승의 문을 가를 듯 처절한 유족들의 통곡소리를 어찌 잊을까. 내가 아들을 잃은 건 88년 서울 올림픽 때였다. 내 아들의 죽음은 나라를 위해서도 공익을 위해서도 아닌 순전히 개인적인 팔자소관이었건만도 내가 하늘이 무너지는 슬픔에 잠겼을 때 온 국민이 축제 분위기에 들떠 있다는 게 얼마나 견디기 어려운 형벌이었는지, 지금도 그때 생각을 하면 소름이 돋고 뼈마디가 으스러지는 것 같다. 하물며 그들은 우리의 국토와 우리의 기쁨을 안전하게 지키다가 죽은 전사자들이다. 마침 경기가 끝나갈 무렵이었으니 좀 더 그들을 배려할 수는 없었을까. 그만큼 누린 환희에 그늘이 생기는 것만 아쉬워

만 아쉬워할 게 아니라 품위 없는 환희는 절제했어야 옳지 않았을까.

우리가 지구촌 축제의 중심이 되어 한바탕 신명 나는 잔치를 치른 기억도 서서히 멀어져가고 있다. 내 생전에 이렇게 피가 끓고 가슴이 울렁거리고 살맛 나는 경험을 또 하기는 어려울 것이다. 그러나 마지막일지는 모르지만 처음은 아니다. 우리가 신생독립국가일 때 난 갈래머리 여학생이었고 태극기를 달고 보스턴 마라톤 대회에 출전한 서윤복 선수가 우승을 하고 돌아왔다. 그건 정말이지 거족적인 대사건이었다. 중앙청 앞에서 환영대회가 열렸는데 내가 다니던 숙명여중은 바로 그 근처라 아마 동원이 되었을 것이다. 그때 나는 거의 깔려 죽을 뻔했고, 나이 지긋한 분들이 기쁨의 눈물을 흘리는 것도 보았다. 환영대회 현장에 있었건만 키가 모자라 머리에 월계관을 쓰고 무개차인지 지프인지를 타고 개선하는 서 선수를 나중에 사진으로만 볼 수가 있었다. 대한민국을 세계에 알린 걸 온 국민이 그렇게 기뻐했다.

4·19 때 나는 평범한 주부였는데 거리로 뛰쳐나온 학생들, 시민들이 청와대 앞에서 총질을 당할 때는 집 안에 숨죽이고

엎드려 있다가 대통령의 하야성명을 듣고 나서야 거리로 나갔다. 종로 5가 가까이 살 때였는데 나가 보니 시민들이 다 거리로 나온 것처럼 전찻길까지 인파로 뒤덮여 전차도 자동차도 못 다니고 있었다. 그때 우리는 아무하고나 따뜻한 몸을 부비며 한없이 걸었다. 젊은 피가 독재를 무너뜨렸다는 승리감과 우리의 민주역량과 살아 있는 민족의 기상을 만방에 알렸다는 자부심으로 얼마나 기고만장했던지. 우리가 세계 속에 우뚝 선 것 같은 우월감으로 우쭐했던 적은 그밖에도 수없이 많았다. 그렇게 단박 우뚝 섰으면 지금쯤 세계를 굽어보련만. 굽어보면 또 뭘 하나, 더불어 손잡고 살면 그만이지. 그러나 매번 우뚝 선 것처럼 느낀 게 착각만은 아닌 것이, 각 분야에서 일어난 그런 힘찬 상승작용의 반복을 통해 이만큼이라도 우리의 위상이 높아졌을 거 아닌가.

이 지구상에서 나에게 허락된 시간도 이제 골인 지점이 얼마 남지 않았을 것이다. 이 나이까지 살면서 하나 깨달은 게 있다면 비슷한 기억을 되풀이하며 어디로 가고 있을 뿐 처음은 없다는 사실 정도이다. 인간의 삶의 궤적이 직선인지 곡선인지 모르지만 죽는 것을 돌아간다고 말하는 우리의 전통적인 생사관으로 치면 원圓일지도 모르겠다. 지구가 공전하면서 자전하듯이, 시간도 되풀이하며 어디론가 우리를 데려가고 있다. 월드컵을 치르고 나서 길에서 공놀이하는 아이들이 부쩍 늘어났다. 아마 학교 운동장이나 놀이터는 더할 것이다. 공은 차기만 하면 스스로 생명력이 생긴다. 지구도 신神이 찬 공이 아닐까. 지구를 신이 찬 가장 멋진 공, 또는 신의 시구始球라고 생각한다면 그건 지구인의 오만일 테지만, 공이라는 형태를 최초로 만들어낸 이가 즉 신이었다고 생각할 수밖에 없는 건 그 완벽성 때문이다. 구형의 표면에선 아무 데나 자기가 선 자리가 중심이 된다. 만인이 중심일 수 있는 조형물은 신의 상상력 아니면 될 수 없는 일이다. 축구공만 한 지구의地球儀를 조만간 하나 장만해야겠다. 그리고 손바닥으로 구형의 원만함, 아름다움을 느끼고 쓰다듬어야겠다. 초강대국도, 축구 강국도, 경제 대국도, 우리가 3, 4위를 다투는 동안 꼴찌와 안 꼴찌전을 벌인 작고 착한 나라도 내 손바닥 안에서는 평등할 것이다. 그게 창조의 뜻이고 구형의 미덕이라는 걸 직접 느껴봐야겠다. 공 모양을 평면에 그려넣기 시작한 인간의 지혜 때문에 중심과 변방이 생긴 평면 지도를 보는 것보다 한결 지구촌이

사랑스러워질 것이다.

* 이 글은 2002년 한일월드컵을 보고 나서 쓴 것이니 필자가 축구 관전 초보일 때, 하긴 지금도 초보니까 왕초보일 때 겁 없이 쓴 관전기라는 걸 밝힙니다.
—필자 주

2부_ 책들의 오솔길

여기 한데 모은 글들은 2008년 한 해 동안 다달이
'친절한 책읽기'라는 제목으로《조선일보》에 연재했던 글입니다.
그러나 서평도 독후감도 아닙니다.
책을 읽다가 오솔길로 새버린 이야기입니다.
나이 들면서 숨 가쁘게 정상으로 끌고 가는 책보다는
도중에 아기자기한 오솔길을 거느리고 있어 쉬엄쉬엄
쉬어갈 수 있는 책에 더 정이 갑니다.

꿈이지만 현실,
진실이지만 거짓인 세계
—존 코널리 『잃어버린 것들의 책』

　나이 먹고 기억력이 희미해져 어제 일도 까먹는다 해도 잊지 못할 옛날이야기는 누구에게나 있다. 엄마한테 재미있는 옛날이야기를 들으며 자란 어린 시절은 나의 일생 중 완벽하게 행복한 시절이었다. 무서운 얘기도 많았지만 결국은 착한 사람이 이기고 못된 인간은 멸하거나 개과천선하게 돼 있었고, 동물이나 식물하고도 교감할 수 있는 조화롭고 아름다운 세계였다. 그래서 엄마의 옛날이야기는 엄마처럼 안전했지만 언젠가는 벗어나야 할, 아니 내쫓겨야 할 세계이기도 했다.

『잃어버린 것들의 책』(폴라북스)의 주인공 데이빗도 엄마가 해주는 옛날이야기를 들으며, 엄마가 읽어주는 동화책을 들으며 행복한 유년시절을 보내지만 엄마는 병들어 언제 죽을지 모른다. 소년은 엄마를 안 죽게 하려고 어린이다운 온갖 짓을 다 한다. 소년에게 엄마는 곧 이야기였다. 소년이 잃을까 봐 전전긍긍해 한 건 엄마가 아니라 이야기였고 이 세상의 의미였던 것이다. 병들기 전 엄마는 소년에게 말하곤 했다. 이야기는 누군가가 읽어줄 때 살아나는 특이한 생명체라고, 읽어주지 않으면 이야기 속 세상이 결코 우리가 사는 세상으로 건너올 수 없다고 속삭이던 엄마가 결국은 죽는다. 소년은 엄마와 공유하던 이야기의 세계로부터 쫓겨나 추운 밤 담요를 뒤집어쓰고 홀로 책을 읽는 고독한 독서의 세계로 넘어간다.

그 책들이 담고 있는 이야기들은 인류의 역사만큼이나 오래되었고 그 오랜 세월을 살아남은 만큼 강렬한 것이었다. 책이 사라져버린 뒤에도 이야기는 사람들의 머릿속에 남아 오랫동안 이야기로 메아리로 울려 퍼진다. 그 이야기들은 현실도피이기도 하고 그 자체로 또 하나의 현실이기도 하다. 데이빗의 엄마가 말했던 것처럼 오래된 이야기의 세상은 우리가 살고 있는 세상과 분리되어 그 나름으로 존재해왔다. 그러나 그 두 개의 세계를 구분하는 벽은 너무도 얇고 약했고 언젠가부터 그 두 세계가 섞이기 시작했다. 바로 그때부터 일이 꼬이기 시작했다. 바로 그때부터 나쁜 일들이 일어나기 시작했다. 그리고 바로 그때부터 꼬부라진 남자가 데이빗을 찾아오기 시작했다.

이 책에서 꼬부라진 남자는 이름은 없지만 모든 동화 속에 나오는 악역 심술쟁이의 총칭이다. 그러나 그 남자를 거쳐 소년은 엄마를 잃은 후 새롭게 맞이한 의붓엄마, 의붓동생과의 화해에 이르고 동생에게 책임감을 느낄 줄도 아는 어른이 된다. 이 책 속에서 우리는 인생의 냉정한 리얼리즘과 따뜻한 해피엔딩을 함께 만날 수 있고 까마득하게 잊은 줄 안 옛날이야기, 아름답고 황홀한 온갖 동화의 세계로 초대받는 판타지도 맛볼 수 있다.

요새 들리는 정치 경제 이야기가 하도 어렵고 답답해서였을까, 꽤 두꺼운 이 책을 단숨에 읽을 수밖에 없는 재미를 처음에는 현실도피적인 쾌감인 줄만 알았다. 그러나 책을 덮은 후에도 살아나는 온갖 동화들의 메아리를 통해 이 난국을 극복할 해답은 아닐지라도 이 세상이 이다지도 답답한 까닭을 알아낸 것처럼 느꼈으니, 그건 이야기의 부재, 즉 상상력 결핍으로 인한 비전의 실종 때문이 아닐까 하는 생각이다.

누군가를 기다리는
밥상이 덜 쓸쓸한 법이지
-문태준 시집 『그늘의 발달』

좁다란 뒷마당에도 나무가 몇 그루 서 있다. 서향西向의 식당 창문을 햇볕과 낮은 담장 밖 골목길을 지나는 사람들의 시선으로부터 가리기 위해 꼭 거기 있어야 할 나무 같아 이사 올 때도 수종樹種엔 신경 쓰지 않고 그냥 놔둔 나무들이다. 관상용이라기보다는 블라인드 역할을 해주던 나무 중에는 산수유나무도 있었다. 이른 봄에 제일 먼저 노란 꽃망울을 터뜨렸다. 노랑은 추위에 강한지 노란 복수초가 눈 속에 피고 난 다음이었다. 집집마다 꽃나무가 많은 동네지만 인근에서 산수유는 우리 집에만 있어서 지나가는 사람들이 쳐다보면서 어머, 봄인가 봐 얼굴이 환해지는 걸 보면 나는 그들에게 행복이라도 베푼 것처럼 으쓱해지곤 했다. 제일 먼저 봄소식을 전해주고 여름에는 무성한 잎으로 창문을 가려주던 나무가 잎을 떨구고 앙상한 가지만 남으면 나는 창문을 블라인드로 가려버린다. 식당이, 내 집 밥상이 거리로 나앉은 것 같은 기분이 싫어서이다. 그러던 어느 날 다음과 같은 문태준의 시가 내게로 날아왔다.

새는 날아오네/산수유 열매 붉은 둘레에//새는 오늘도 날아와 앉네/덩그러니/붉은 밥 한 그릇만 있는 추운 식탁에//고두밥을 먹느냐//목을 자주 뒤쪽으로 젖히는 새는 (수록작 「새」)

산수유 노란 꽃도 열매를 맺는다는 걸 알았지만 사람이 따 먹을 수 있는 열매가 아니기 때문에 나는 그 나무를 유실수라고 생각한 일이 없으니 얼마나 미안한가. 새가 즐겨 찾는 나무라는 걸 알고부터 나는 창문에 블라인드를 거두고 아침 밥상을 차린다. 집에 데리고 있는 대학생 손녀는 거의 아침밥을 안 먹고 학교에 가기 때문에 혼자 먹는 밥상은 쓸쓸하고 덤덤하다. 그래도 꼬박꼬박 챙겨 먹는 것은 장기간 복용하고 있는 혈

압약 봉지에 아침 식후 30분으로 돼 있기 때문이다. 단지 약을 위해 먹는 식사는 처음에는 싫었지만 습관화되니 맛있을 것도, 없을 것도 없이 아무렇지도 않게 되었다. 문태준의 「새」도 그 시집 중의 여러 편 중 아무렇지도 않은 시일지도 모르겠다. 그러나 아무렇지도 않은 시가 나의 아무렇지도 않은 시간과 만나서 빛을 발하며 나의 하루를 의미 있게 만든다.

요즘 나의 아침상은 새와의 겸상이다. 산수유 붉은 열매를 찾아 날아오는 새들은 참새과일 듯싶은 작은 새들이다. 떼로 날아오는 새도 있고 혼자 외로이 날아오는 새도 있다. 한 마리도 안 날아오는 날도 많다. 입맛이 없는 날은 새가 날아오길 하염없이 기다릴 적도 있다. 기다릴 사람 없는 밥상보다는 누군가를 기다리는 밥상이 훨씬 덜 쓸쓸하다. 산수유 붉은 열매를 쪼던 새가 목을 뒤쪽으로 젖히는 순간을 포착하면 나는 진밥을 먹다가도 목이 메어 된장국 한 모금을 떠 넣고는 목을 뒤로 젖힌다. 그리고 나를 목메게 하는 건 진밥이 아니라 여태까지 살아온 세월의 더께, 터무니없이 무거운 돌대가리와, 누추하고 육중한 몸으로 감히 창공의 자유를 꿈꾼 헛된 욕망이라는 걸 깨닫는다. 아무렇지도 않은 것 같은 시가 와서 나의 아무렇지도 않은 시간과 만나니 나 같은 속물도 철학을 하게 만든다. 시의 힘이여 위대하도다.

증손자 볼 나이…
난, 지금도 엄마가 필요해

−신경숙 『엄마를 부탁해』

이 나이에, 머지않아 증손자 볼 나이에도 지치거나 상처받아 잠 못 이루는 밤이면 이불 속에서 몸을 태아처럼 작고 불쌍하게 오그리고 엄마, 엄마 나 좀 어떻게 해달라고 서럽고도 서럽게 엄마를 찾아 훌쩍인다면 누가 믿을까. 우리 엄마는 딸이 손자를 다섯이나 볼 때까지 장수하셨는데 그때까지도 이 늙은 딸은 엄마를 한 번도 어머니라고 불러보지 못했다. 내가 자랄 때만 해도 어느 정도 나이가 먹으면 엄마 대신 어머니로 부르게 하는 게 제대로 된 가정교육이었는데도 우리 엄마는 그러지 않았다.

동무들 중에 자기 엄마를 어머니라고 부르는 아이를 보면 "쟤 엄마는 의붓엄마인가 봐" 하고 동정할 정도였다. 엄마는 부르는 것만으로도 위로가 된다. 내 시름에 겨워 엄마, 엄마를 연거푸 부르면 끝도 없이 옛날 생각이 나고, 이야기가 이야기를 부르면서 마음이 훈훈하게 젖어오면 오그렸던 몸이 펴진다. 이 몸이 얼마나 사랑받은 몸인데. 넘치게 사랑받은 기억은 아직도 나에겐 젖줄이다.

신경숙의 장편 『엄마를 부탁해』(창비)도 엄마가 붙은 제목이 반가워 받자마자 읽기 시작해서 마치 잠 안 오는 밤 엄마를 부르듯이 성마르게 읽다가 이야기에 빠져들면서 우리 엄마와 신경숙의 엄마를 구별 못 하게 되었다. 책에 나오는 대로라면 신경숙의 엄마는 1938년생이니 나보다도 훨씬 어리다. 그런데도 지금 살아 계신다면 백세가 넘었을 우리 엄마하고 그의 엄마를 헷갈리고 있었다. 아마 사라져가는 농경시대의 엄마라는 공통점 때문이기도 하고 옛날 엄마 노릇에 대한 절절한 그리움 때문이기도 할 것이다.

우리 엄마도 뒤주에 쌀 떨어질까 봐 전전긍긍하며 반평생을 보냈고 자식들이 밥 먹고 살만해진 후에도 자식들에 대한 안부는 밥으로 시작해서 밥으로 끝났다. "밥은 잘 먹는 게야? 얼굴이 왜 그 모양이야. 감기가 들었다고? 억지로라도 밥을 챙겨 먹어야 한다. 예로부터 감기는 밥상 밑으로 도망친다고 했어. 애들 도시락 다섯이나 싸주기 얼마나 힘드냐. 그래도 빵 같은 거 사 먹게 하지 마라, 밥이 보약이다." 뭐니뭐니해도 우리 엄마의 밥 타령의 압권은 내 신랑감을 처음 보고 하신 말씀, "제 식구 밥은 안 굶기게 생겼더라"가 아닐까.

옛날 엄마들에게 밥은 곧 생명이요 사랑이었다. 그래서 독점하는 것이 아니라 나누는 것이었다. 엄마가 됨으로서 남의 자식도 다시 보게 되고 살아 있는 모든 생명에 대한 측은지심이 생겨나고 십시일반의 정신도 우러났을 것이다. 십시일반으로 버텨온 지난 시대를 생각하면 가난까지도 그립다. 실종된 신경숙의 엄마를 줄곧 우리 엄마하고 동일시하고 읽다가 그 엄마가 이 세상 어디선가 마지막 정신을 놓기 전에 남긴 독백, "내 새끼. 엄마가 양팔을 벌리네. (중략) 나의 겨드랑이에 팔을

집어넣네. (중략) 엄마는 웃지 않네. 울지도 않네. 엄마는 알고 있었을까. 나에게도 일평생 엄마가 필요했다는 것을"에 이르러 마침내 우리 엄마가 아닌 나하고 하나가 된다. 나야말로 엄마의 도움 없이는 죽지도 못할 것 같은 나약하고 의존적인 인간이니까.

사람을 부르고 동행을 부추기는
제주도 흙길
─서명숙 『놀멍 쉬멍 걸으멍 : 제주 걷기 여행』

제주 토박이를 허물없는 친구로 두고 있는 덕에 그 섬에 자
주 가는 편이다. 갈 때마다 들르는 곳이 있는데 김영갑 갤러리
두모악이라는 사진 박물관이다. 김영갑(1957~2005)이란 사진
작가는 제주도에 안 가봤으면 몰랐을 나로서는 처음 들어보는
작가이다. 그렇다고 그가 제주 사람이냐 하면 그렇지도 않다.
충청도 사람이 제주도에 반해 제주의 수많은 오름, 들풀과 나
무들, 구름과 바람을 찍다가 루게릭병에 걸려 제주도에 한 줌
흙을 보탠 사람이다.

그가 찍은 모든 사진들에서는 바람이 느껴진다. 거칠고 변덕스러운 바람이 하늘의 구름과 평범한 소나무와 들판의 풀들로 하여금 그를 전율케 하는 존재의 절정을 보여주는 순간을 포착하기 위해 그는 제주의 혹독한 자연 속에 매복해 기다리고 또 기다렸을 것이다. 그래도 그렇지 순간 포착을 위해선 짐승처럼 날렵해야 할 사진작가에게 근육이 굳어지는 루게릭병이라니. 운명의 신의 무자비함에 항거하기 위해서라도 그곳을 찾는 이들은 그를 기억하고 그의 사진을 사랑하지 않을 수가 없다. 셔터를 누르는 순간 그가 피사체와 더불어 맛보았을 생명의 절정감은 이제 우리들의 것이다.

『놀멍 쉬멍 걸으멍: 제주 걷기 여행』(북하우스)이란 어려운 이름의 책이 눈에 띄자 들춰보기도 전에 반갑기부터 했던 것은 아마도 김영갑으로부터 옮아붙은 제주 사랑 때문이었을 것이다. 이 책은 저자 서명숙을 비롯해 몇몇 맹렬 여성들이 '놀다가 쉬다가 걷다가' 하는 사이에 제주를 일주할 수 있는 길을 낸 이야기이다. 어디다 길을 낸다면 나는 겁부터 나는 사람이다. 기계가 어마어마한 굉음을 내며 산에 굴을 뚫거나 들판의 우아한 곡선을 펴서 직선으로 만들고 매끈하고 단단하게 포장해서 차들, 저희끼리만 쌩쌩 다니게 만들어놓는 걸로 알고 있었기 때문이다.

그런 길은 철저하게 기계를 위한 길이지 인간을 위한 길은 아니다. 걸을 수 없을 뿐 아니라 짐승같이 무모하지 않고서는 가로지르지도 못한다. 서명숙과 그의 친구들이 제주에 낸 길은 그런 폭력적인 길이 아니라 사람을 부르고 동행을 부추기는 평화적이고 자유롭고 다정한 길이다. 김영갑의 사진 속으로 걸어들어오라고, 그럴 수 있다고 손짓하는 길이다. 제주의 수많은 오름과 오름 사이를 잇는 길이요, 제주에만 남아 있는 원시와 문명이 남긴 명소를 잇는 길이요, 적대적인 것으로 보이는 육지와 바다를 연모戀慕하는 사이로 만드는 길이요, 마을도 농토도 다치지 않고 비켜가고 돌아가는 느려터진 길이다. 그리고 보나 마나 흙길일 것이다.

사람이 흙을 밟는다는 게 몸에 얼마나 좋은 것인지 이 책에는 그 실례도 간간이 삽입돼 있다. 도시에서 흙을 밟고 걷는 일은 아예 불가능해졌다. 나는 흙에서 나고 자랐기 때문에 나이 들수록 흙이 그리워 불편한 교통을 무릅쓰고 서울을 벗어 났지만 손바닥만 한 마당 외에는 집에서 버스 타러 동구 밖까 지 나가는 동안도 흙을 밟을 일은 없다.

꼬불꼬불한 흙길, 놀다가 쉬다가 걸을 수 있는 자유롭고 평 화로운 길의 유혹. 저자는 제주를 걸음마를 배울 때부터 그 아 름다움이 각인된 원체험의 공간이라고 말하고 있는 반면 김영 갑의 제주는 예술가다운 감수성으로 발견한 제주일 것이다. 그 두 사람이 제주도로 사람을 유혹하는 방법이 각기 다른 것 이 흥미롭다.

지도 밖의 땅…
그들은 왜 봉천으로 갔는가
—김연수 『밤은 노래한다』

어릴 적 방학해서 고향에 내려가는 일은 그것 때문에 서울에 정붙이고 산다고 해도 과언이 아닐 정도로 가슴 설레는 기쁨이었다. 그러나 일제가 말기로 접어들면서 기차표 구하기도 기차 타기도 쉽지 않았다. 어렵게 표를 구했다고 해도 좌석 표 같은 게 있을 리 없는 시절이라 자리에 앉아 가기 위해서는 빨리 개찰해서 뛰는 게 수였다. 개찰시간 전부터 늘어선 줄이 역사 밖까지 뻗어 있고 새치기와 새치기하려는 사람들로 앞쪽은 엉망으로 엉켜 있었다.

경의선 줄 옆은 봉천奉天행 지금의 심양으로 가는 줄이었다. 그 줄은 특이했다. 이불보따리, 고리짝, 누덕누덕 기운 괴나리 봇짐, 더러운 아이들 등으로 그닥 풍족지 못한 시대였지만 유난히 남루해 보였고, 간간이 섞여 있는 가죽가방만 달랑 든 양복쟁이가 어린 눈에도 심상치 않아 보였다. 기차 시간이 잘 지켜지지 않을 때라 기다리다 지친 대가족이 양회바닥에 베 보자기를 펴놓고 노란 조밥을 손으로 뭉쳐 먹는 모습은 가죽가방과 함께 혐오감과 공포감을 자아냈다. 봉천은 조선 땅에는 없는 지도 밖 땅이었다.

만주 땅에 대한 지식은 겨울에 한데서 오줌을 누면 오줌발이 땅에 닿기 전에 얼어붙는 땅, 그 동토를 말달리는 비적匪賊이 살인과 약탈을 일삼는 끔찍한 무법천지였다. 저들은 왜 그 땅으로 가려는 걸까. 나는 내가 잘못해서 그 줄에 섞일 것 같은 무서움증과 그 줄에 슬쩍 끼어들어 지도 밖의 땅을 밟아보고 싶은 열망 때문에 엄마 치마꼬리를 더욱 열심히 부여잡았다.

1990년대 초 북경을 거쳐 심양, 연길, 도문, 백두산 등 일제

때 만주라 부르던 지역을 돌아다닌 적이 있다. 그때 연길에서 조선족들을 만날 수 있었지만 그때 이미 자본주의에 오염되기 시작한 그들에게서 조상의 한이나 기상을 찾아볼 수는 없었다. 어랑촌의 조선족 농가에 들러 한 끼 점심을 부탁한 적이 있다. 한족 농가와는 확연히 구별되는 초가집의 함경도식 부엌에서 연로한 노파 한 분이 따뜻한 점심을 지어주었다. 가족이 다 출타한 안방 벽에는 달력 종이 뒷면에 '가갸거겨'부터 '하햐허혀'까지 열네 줄을 써 붙여놓은 게 인상적이었다. 할머니가 손자들에게 한글을 가르치기 위한 거라고 했다. 조국은 뭐고 모국어는 뭔가? 가슴이 짠하면서도 분노인지 비애인지 모를 감정이 치받쳤다.

김연수의 장편 『밤은 노래한다』(문학과지성사)는 1932년 동만주에서 벌어진 소위 민생단 사건을 다룬 소설이다. 이 소름 끼치는 이야기는 소설이라기보다는 실록처럼 읽힌다. 역사의 어둠 속에 묻힌 진실을 찾아 거기 빛을 들이댄 작가의 꼼꼼한 취재와 용기와 열정 때문일 것이다. 작가는 왜 이런 어려운 일에 오랫동안 사로잡혀 있었을까. 세상을 바꿔보려는 사람끼리

서로 죽고 죽이는 일은 왜 아직도 계속되는 걸까. 애국이 뭐기에 인간애 없이 조국을 사랑한다고 날칠 수 있단 말인가. 어둠을 걷어내는 건 빛이고 빛은 앎일 터. 역사소설은 경험자가 쓰는 게 아니라 훗날 누군가에 의해 상상됨으로써 쓰일 것이다. 상상하려면 사랑해야 한다. 작가가 기울인 노고 속엔 사랑까지 포함돼 있다는 게 도처에서 느껴진다.

돈만 아는 세상,
괴짜 기인들을 만나다
—정민 『18세기 조선 지식인의 발견』

『미쳐야 미친다不狂不及』(푸른역사)를 처음 읽고 우리가 흔히 실학자로 부르는 조선 시대 지식인들의 내밀한 사생활과 신분을 초월한 우정, 광기와 열정, 요샛말로 하면 마니아의 세계에 대해 깊이 매료된 적이 있다. 조선 시대에도 이런 때가 있었다니, 신선한 충격이었다. 그 후에 나온 같은 저자의 『18세기 조선 지식인의 발견』(휴머니스트)을 읽으면서는 이 저자야말로 그 시대를 제멋대로 살다 간 기인 괴짜들에게 미쳐서 국내외, 멀고 가까운 데를 가리지 않고 발로 쫓아다니면서 시간의 먼지 속에 묻힌 그들의 자취를 찾아내서 온전히 복원해 마침내

이 한 권의 책에 이르렀구나, 하며 그의 광기 어린 열정에 공감하게 되었다.

저자는 머리말을 통해 십여 년간 박지원, 이덕무, 박제가 등에 관한 공부를 하는 과정에서 이전 시기와는 전혀 다른 문화현상들, 무어라 설명할 수 없는 격정과 열망이 이들 글 저변에 이글거리고 있음을 발견하고 "도대체 이 시기에 무슨 일이 일어났던 걸까? 시야를 좀 더 넓혀 18세기 문화 전반에 대해 천착해 보아야겠다"라고 생각했노라고 이 책을 묶은 동기에 대해 밝히고 있다. 여기서 내가 그가 "썼다"라고 말하지 않고 "묶었다"라고 말하는 것은 이 책이 "18세기 문화변동기의 문화현상을 다룬 13편의 논문으로 이루어졌다"라고 저자가 밝혀놓고 있기 때문이다. 논문이라면 이미 학술지나 학계에 발표한 것일 테니 읽기에 어려울 것 같은 선입관을 갖게 되나 그렇지 않다.

그의 전작 『미쳐야 미친다』와 겹치는 부분도 더러 있지만 더 깊이가 있고 더 넓으며 새롭게 발굴한 자료까지 보탰다. 남이 하는 것을 흉내 내거나 평범하게 보이는 것을 극도로 싫어한 당시 지식인과 기인·전문가들의 독창적인 생각, 그들의 수집벽과 정리벽, 기록벽, 꽃처럼 사소한 것에까지 미친 애호벽, 그리고 당시 체제의 검열에 걸린 발랄하고 사실적인 문장 등에서 그는 근대의 에너지를 읽어낸다. 불행하게도 정조正祖의 승하와 동시에 18세기는 막을 내리고 기인들뿐 아니라, 독학으로 수학·기하학·천체물리학에 통달하여 천민신분임에도 불구하고 높이 등용되었던 천재까지 영락하여 거의 굶어 죽게 되는 비극을 맞는다.

지금 우리는 단군 이래 최고로 잘살 뿐 아니라 지구상의 많고 많은 나라 중에서도 열 손가락 안에 드는 풍요를 누리고 있다. 그동안 한눈 한 번 안 팔고 오로지 돈만을 신봉해온 결과다. 잘살건만 한 치 앞이 안 보이게 불안하고 답답하고 자꾸만 초라해지는 건 무슨 까닭인가. 선택의 여지 없이 자본주의를 신봉할 수밖에 없었던 것은 우리의 분단 상황과 무관하지 않을 것이다. 만약 정조시대의 문예부흥기가 순조롭게 좋은 정치를 만나 근대화를 이룩하면서 주권을 유지해 왔더라면 일본에게 나라를 빼앗기는 치욕도 안 겪었을 것이다. 일본의 식민지가 되지 않았으면 나라가 둘로 쪼개지는 일 따위가 일어날 수는 없는 일이었다. 아아, 분단만 없었더라면 지금쯤 우리는 얼마나 작지만 아름다운 나라가 되어 있을 것인가. 과거에다가 만약을 붙여 가정하는 것처럼 부질없는 짓은 없는 줄 아나 이 돈만 아는 세상을 살기가 하도 편치 못하여 해보는 소리이다.

겸손한 서향書香이
가슴에 번지네
—최순우 『무량수전 배흘림기둥에 기대서서』

계절이 몸의 습관을 따라주지 않았기 때문일까, 올 추석은
유난히 피곤했다. 오래 살아온 몸은 찐득한 더위에 허덕이면
서도 곧 상큼한 바람이 불어올 날이 머지않다는 걸 믿을 수 있
어서 견딜만했다. 그러나 웬걸, 입추, 처서 다 지나도록 도저
히 가을바람이 균열을 일으킬 수 있을 것 같지 않은 견고한 더
위가 계속되더니 설마 설마 하고 기다리던 추석이 되어도 물
러날 기미가 보이지 않았다. 지칠 대로 지친 몸으로 추석을 맞
게 되니 이미 오래전에 체념하고 있던, 고향이 지척이건만 갈
수 없는 고장이란 사실까지 그렇게 짜증스러울 수가 없었다.

내가 고향에서 그리워하는 건 무엇일까. 산천인가, 초가지붕이 의좋은 마을인가, 어릴 적 놀던 동무들인가, 순박한 인심인가. 명절만 되면 왜 그런 것들이 바로 지금 여기처럼 선명하게 떠오르면서 그 정다움이 가슴에 스미는 것일까. 허나 그것들은 갈 수 없기에 내 마음속에 고스란히 남아 있는 것이지 가닿는 순간 지워지거나 뭉개질 것이다. 이렇게 짜증을 다스리면서 내가 애장하고 있는 책 중에서 최순우의 『무량수전 배흘림기둥에 기대서서』(학고재)를 꺼내 여기저기 내가 좋아하는 구절들을 읽고 또 읽었다.

짜증이 가라앉으면서 내가 하필 이 나라에 태어났다는 게 기뻤고, 갈 수가 없어서 원망스럽기만 하던 고향 땅조차 최순우의 고향이기도 하여 자랑스러웠다. 그가 쓴 『무량수전…』을 자주 꺼내보고 꾸준히 애독하는 까닭은 우리의 고건축을 비롯해서 자기, 회화, 공예품 등 한국의 미 전반에 대한 그의 높은 안목에서 배우고 깨우치고 공감하는 기쁨 때문일 것이나, 더 큰 보람은 그의 글을 읽으면 저절로 우러나는 그의 인격을 흠모하게 되는 마음이다. 우리가 미처 발견 못 한 미를 먼저 발견한 안목의 소유자들은 자신의 안목에 대한 자긍심 때문에 흔히 과장되거나 선동적인 문장을 쓰는 경우가 많다. 허나 최순우는 그가 발견하고 느낀 한국의 미를 내면 깊숙이 스며들게 한 뒤 비로소 글로 표현해서 읽는 사람에게 그의 것을 번지게 하는 힘이 있다.

연휴가 끝나자마자 성북동 최순우 옛집을 찾았다. 고향 가는 대신 그가 살던 집에 가보고 싶었다. 전에도 마음이 쓸쓸할 때 찾던 집이다. 그동안 변했으면 어쩌나 은근히 걱정되었는데, 시민 주도의 내셔널트러스트National Trust 운동의 일환으로 지켜지고 관리되는 그의 옛집은 처음 보았을 때와 다름없이 지조 높은 선비의 모습처럼 단아하고 수수하고 점잖게 주택가 좁은 골목 안에 자리 잡고 있었다. 같이 간 딸이 초행이라 신기한 듯 여기저기 사진을 찍느라 돌아다니는 동안 나는 안채에서 후원으로 돌아가는 모퉁이 나무 기둥에 오래도록 기대 서 있으면서 바로 이 맛이야, 하며 오래된 나무 기둥의 감촉을 즐겼다. 사랑 마루 기둥에 기대 대처大處로 볼일 갔다 돌아오시는 할아버지의 흰 두루마기 자락이 산모롱이에 나타날 때를 기다리던 유년기로 돌아간 것 같았다. 그때 비둘기 두 마리가 후원에 날아와 구구거렸다. 네가 바로 '성북동 비둘기'로구나. 무명의 비둘기가 김광섭 시인으로 하여 이름을 얻었다.

시의 가시에 찔려
정신이 번쩍 나고 싶을 때

『어느 가슴엔들 시가 꽃피지 않으랴: 애송시 100편』

엎드려서 글을 쓰다가 밥상을 놓고 글을 쓰니 이렇게 좋은 것을, 하고 좋아하던 게 엊그저께 같은데 이젠 버젓하게 큰 책상에다 의자에 앉아서 쓴다. 내가 조금씩 잘나져서가 아니라 차차로 늙어가면서 앉았다 일어나는 게 관절에 부담되는 게 느껴져서다. 필기도구도 만년필에서 볼펜으로 간편해지다가 그보다 엄청 큰 컴퓨터로 변해서 책상도 커졌다.

책도 불어나 서재가 넘쳐 서고를 하나 새로 만들었다. 내 생전에 다 못 읽을 책, 끼고 있어 뭐하나, 빌려주기도 잘하고 정해놓고 기증하는 데도 있지만 책이 불어나는 속도를 미처 당하지 못한다. 그래도 한 달에 평균 너덧 권가량의 책은 구입을 한다. 물론 읽고 싶은 책이나 선물하기 위해서도 사지만 집 어딘가에 있긴 있으련만 필요할 때 찾지를 못해 사기도 한다.

『어느 가슴엔들 시가 꽃피지 않으랴: 애송시 100편』(민음사·전 2권)은 신문에 연재될 당시 아침에 그것을 받아 읽을 때의 행복감이 생각나서 얼른 샀다. 시집 표지가 이렇게 예쁘거나 야해도 되는 걸까, 고독하고 높은 정신을 이렇게 한 자리에 모아놓아도 되는 걸까, 그런 염려도 되었지만 그 두 권의 책은 살 때도 행복했지만, 다시 읽어도, 아무 데나 읽어도 내 정신도 조금은 깊고 높아지는 것 같은 기쁨을 맛본다. 다시 읽어도 거듭해 읽을수록 더 좋아지는 건 좋은 시만이 줄 수 있는 큰 복인 것 같다. 멋모르고 그냥 느낌으로 좋아하던 난해한 시에 뛰어난 시인들의 웅숭깊고 친절한 해설이 붙은 것도 금상첨화였다.

내 책상에서 멀리 움직이지 않아도 되는 자리에는 편의상

사전류와 글 쓰다가 자주 참고해야 할 책들, 내 무식을 벌충해 줄 수 있는 어렵지 않은 전문서적들로 채워져 있다. 더 가까이 눈에 잘 띄고 손만 뻗으면 뽑아볼 수 있는 자리는 시집들 차지다. 시집은 얇으니까 자리를 덜 차지하고 아무도 빌려달라는 사람이 없어서 여러 권의 시집을 모을 수 있었지만 장서로 자랑하기 위해서가 아니라 수시로 뽑아 읽기 위해 가까이 두고 있다.

글을 쓰다가 막힐 때 머리도 쉴 겸 해서 시를 읽는다. 좋은 시를 만나면 막힌 말꼬가 거짓말처럼 풀릴 때가 있다. 다 된 문장이 꼭 들어가야 할 한마디 말을 못 찾아 어색하거나 비어 보일 때가 있다. 그럴 때도 시를 읽는다. 단어 하나를 꿔오기 위해, 또는 슬쩍 베끼기 위해. 시집은 이렇듯 나에게 좋은 말의 보고다. 심심하고 심심해서 왜 사는지 모르겠을 때도 위로 받기 위해 시를 읽는다. 등 따습고 배불러 정신이 돼지처럼 무디어져 있을 때 시의 가시에 찔려 정신이 번쩍 나고 싶어 시를 읽는다. 나이 드는 게 쓸쓸하고, 죽을 생각을 하면 무서워서 시를 읽는다. 꽃 피고 낙엽 지는 걸 되풀이해서 봐온 햇수를 생각하고 이제 죽어도 여한이 없다고 생각하면서도 내년에 뿌릴 꽃씨를 받는 내가 측은해서 시를 읽는다.

　『애송시 100편』에 실린 시들은 신문에 연재되기 전에도 거의 다 읽은 적이 있는 시들이다. 문학소녀 시절에 줄줄 외던 시들도 여러 편 포함돼 있다. 그게 반가워서 다시 한 번 시를 외워보려고, 시를 욀 때마다 찾아오는 그 가슴 울렁거리는 청춘의 기쁨을 맛보려고 이 시집을 샀다. 시는 낡지 않는다. 시간이 지났다고 한물가는 시는 시가 아닐 것이다.

맛있고 몸에 좋은 것만
찾는 세상 얄밉다

─공선옥 『행복한 만찬』

요새 아이들은 감자나 고구마나 호박이 어디서 나는 줄 알까. 어디서 나긴 어디서 나? 슈퍼에서 나지. 아마도 그것이 아이들의 정답이 아닐까. 어른이 장 보러 나온 대형 마켓 카트에는 아이가 올라타고 있거나 따라다니면서 먹을 것을 직접 골라잡는 모습을 흔히 볼 수 있다. 그 아이들 눈에는 감자나 고구마나 라면이나 초코파이나 다 같이 상자나 비닐, 스티로폼에 포장된 상품이라는 걸로 동등해 보일 것이다. 공장을 거치지 않은 농산물들도 흙의 흔적은 무슨 독극물이라도 되는 양 말끔히 제거되고 반들거리는 포장 안에 들어 있다.

공선옥이 쓴 『행복한 만찬』(달)은 그 세련된 제목에서 연상되는, 복잡한 드레싱이 들어가는 퓨전 음식이나 격식 갖춘 상차림과는 딴판의 이야기이다. 흙냄새가 물씬 나는 우리 먹을거리의 근본에 관한 이야기이다. 오히려 어떤 음식이 몸에 좋은지 어떻게 요리해야 보기 좋은지에만 관심이 있는 이 먹을거리 넘치는 세상 인심이 얄미워서 썼다고까지 작가는 말하고 있다. 불모의 사막지대를 관광이랍시고 여행하고 돌아왔을 때, 흙이 있는 데는 어디든 심지어는 아파트 단지 보도블록 틈새에도 돋아나는 질긴 녹색 생명력이 눈에 들어왔을 때, 이 나라 흙이 고마워서 엎드려서 입맞추고 싶은 충동을 느끼게 된다.

우리 흙이 어떤 흙인가. 우리 삶이 지금보다 훨씬 힘들고 소박했을 땐 흉년도 잦았다. 흉년이 들어 백성이 굶주렸을 때도 우리 산야는 도처에서 먹을거리를 키워내서 백성들이 굶주림에서 벗어날 수 있게 해주었다. 예로부터 구황救荒 음식이라 일컬어 온 이런 것들은 혀에 달지 않다. 오히려 쓰거나 떫지만 속 맛은 깊고 달고 살찌는 양분 대신 강단을 키워준다.

우린 지금 다들 수입 소고기의 안전문제로 육식을 통틀어 의심하고 두려워서 어쩔 줄을 몰라 하는 공황 상태에 빠져 있다. 이 책에 나오는 가공되기 이전 흙냄새를 그냥 묻히고 있는 농산물과 산채들은 이 세상에 먹을 것이 소고기만 있는 게 아니라고 넌지시 귀띔해주는 구황의 역할까지 하고 있다. 설교나 영양 분석 같은 것 전혀 없이도 그렇게 읽히는 것은 음식 하나하나마다 다른 내력, 그 소박하고도 재미있는 이야기의 매력 때문일 듯싶다.

예전에는 귀했지만 지금은 흔해빠진 달걀이 그의 추억담 없이 어찌 이다지도 아름다운 한 송이 꽃처럼 피어날 수 있겠는가. 사람은 누구나, 아무리 하찮게 보이는 사람도 그 생애는 한 권의 소설책이듯이 그의 애정 어린 시선은 푸성귀나 푸성귀에도 못 미치는 먹을 수 있는 풀이나 나뭇잎까지도 동화 같은 한 편의 이야기로 만들어주고 있다.

행복한 성장을 한 먹을거리들은 먹는 사람들을 행복하게 해줄 것이다. 그러나 세상 먹을거리들의 생장 조건은 갈수록 불행해지

고 있다. 이런 식으로 먹고살아도 우린 정말 괜찮을까? 먹을 것
들의 불행한 생장조건이 불안하다면, 맛있는 것과 몸에 좋은 것
만 찾는 습관을 버릴 일이다. 나는 그것을 말하고 싶어 여기에 이
맛있는 것들을 소개하는 글을 쓴 것이다.(그의 서문에서)

그는 담 밖 세상을
눈뜨게 해준 스승

─이청준 『별을 보여드립니다』

이청준은 문단 연령으로는 선배지만 살아낸 햇수로 치면 한참 후배이고, 마음으로는 스승이다. 그가 나에게 스승인 까닭은 한 권의 책 『별을 보여드립니다』(일지사) 때문이다. 이 책은 1971년에 나온 이청준의 첫 번째 창작집이다. 마침 내가 장편 『나목』으로 등단한 직후였다. 나에 대한 심사평은 호평도 있었지만 이 작가는 등단작이 마지막 작품이 될 수도 있을 것 같다는 우려도 있었다. 습작기를 거치지 않은 나에게 그 소리는 뼈아팠다. '여성지를 통해 나온 나에게 과연 문예지에서도 원고 청탁을 해줄까', '청탁이 들어온다고 해도 거기 응할 만한가'

하는 불안과, 이왕 등단이라는 걸 했으니 일 년에 한두 편 정도는 문예지에 단편을 발표할 수 있는 작가가 됐으면 하는 욕망 사이에서 갈등할 때였다.

그때 내 손에 들어온 것이 그의 빼어난 단편이 무려 20편이나 수록된 중후하고 품격 있는 책 『별을 보여드립니다』였다. '훌륭한 단편이라는 건 바로 이런 거로구나' 이렇게 스스로 깨쳐가며, 감동도 하고 감탄도 해가며 이 책을 읽고 또 읽었다. 그가 초대해준 세계에 들어가서 배회하는 사이에 개인적인 욕망으로 인한 불안감은, 그때까지 주부로서의 편안한 일상을 지켜준 담 밖의 세상에 대한 눈뜸과 불안감으로 이어졌다. 『별을 보여드립니다』와 거의 동시에 읽게 된 『소문의 벽』은 다 치유된 줄 알았던 나의 정신적인 상처까지 건드리면서 나를 소름 돋게 했다.

나는 그때나 이때나 책을 많이 읽는 편이다. 활자 중독이라 해도 과언이 아닐 정도로 주위에 읽을 책이 없으면 불안하고, 닥치는 대로 읽고 건지는 것도 있지만 잊어버리는 게 더 많다.

소설은 읽히기 위해 있는 것이지 꽂아놓기 위해 있는 것은 아니라는 생각 때문에 빌려주기도 잘하고 안 돌려줘도 찾지 않는다. 그러나 이청준의 처음 책을 아무도 안 빌려주고 여태까지 귀하게 간직하고 있는 건 초심에 대한 그리움 때문이다. 등단 초기 내 마음속엔 계속해서 글을 쓰기 위해 좋은 스승을 찾는 마음이 간절했다. 그 암중모색의 시기에 이청준 같은 스승을 만난 건 큰 행운이었다고 생각한다. 그의 실물을 알고 지낸 건 근래의 일이고, 동인문학상 심사 때문에 자주 만날 수 있었지만 그저 어렵기만 해서 함부로 대한 적이 없다. 스승이니까.

이렇듯 그의 소설을 전범 삼아 단편소설을 쓸 수 있는 용기를 냈다고는 하나 그에게는 내가 넘볼 수 없는 그만의 높은 경지가 있었다. 평론가 김현이 『별을 보여드립니다』에 붙인 해설에 의하면 "그의 문장은 그의 감정과 느낌을 될 수 있는 한 극단까지 절제하여 독자들에게 작가의 감정적 개입을 느끼지 않게 하려는 의도로 치밀하게 쓰여져 있다. 그는 윤리적이고 고전적인 문체를 사용하여 자신을 감출 수 있는 한도까지 감춘다"라고 했다. 그에 비해 나는 작중인물에 감정적으로 개입하고 싶어 안달이 나서 쓰는 작가이다. 그런 차이가 그와 나 사이의 문체의 차이가 되어 나타나 있다고 생각한다.

그가 먼저 간 문단이 이렇게 크게 쓸쓸할 줄이야. 스승이 먼저 간 것은 순리일 수 있겠으나 나이로 치면 순서를 어겼으니 살아남은 늙은이를 한없이 초라하고 부끄럽게 만든다.

지루한 여름날을
넘기는 법

—조나 레러 『프루스트는 신경과학자였다』

오랜만에 만난 사촌 동생과 옛날 얘기를 하다가 사소한 기억의 차이 때문에 말다툼까지 한 적이 있다. 사촌 동생이라지만 같은 시골집, 같은 가족구성원 사이에서 어린 시절을 보냈고 젊은 날에서 어른이 된 후에도 긴밀한 관계를 유지하고 살아왔기 때문에 친동기간이나 다름이 없다. 둘이 즐겨 하는 옛날 얘기는 주로 시골집에서 보낸 유년기 얘긴데 가족이나 친척들의 생일이나 제사, 기념할 만한 날들에 대한 기억력이 비상한 동생이라 나는 그가 하는 옛날 얘기를 다 믿고 동조하는 편이다.

물론 내 머릿속에도 확고하게 자리 잡은 나만의 기억들이 있다. 그걸 무심히 발설했다가 언제 그런 일이 있었느냐고, 절대로 그건 아니라고 머리 좋은 동생이 박박 우기는 일에 부딪혔다. 아니면 그만이라고 넘겨도 될 텐데 그렇게 쉽게 양보가 되지 않았다. 왜냐하면 유년기의 그 기억은 내가 우리고 우려내서 많은 이야기를 만들어낸 소설가로서의 나의 소중한 밑천이기 때문이다. 요새 자주자주 부딪히는 나는 무엇인가? 라는 의문에 대해 스스로 마련한 대답도 '나는 기억의 덩어리일 뿐이다' 인데, 수없이 가지치기를 한 원체험이 없었던 일이라면 그럼 내 소설은 새빨간 거짓말에 불과한 것인가. 혹시 나는 치매가 아닐까.

그렇게 신경이 불안정할 때, 조나 레러라는 나로서는 처음 들어보는 저자가 쓴 『프루스트는 신경과학자였다』(최애리, 안시열 옮김 · 지호)라는 책을 선물 받게 되었다. 저자 소개에 의하면, 신경과학을 전공하고도 문학과 신학을 공부하고 요리사 경험도 있는 조나 레러는 특이한 지적 편력의 소유자답게 인문학과 과학의 소통을 강력하게 주장하고 있는 것처럼 보인다. 신경과학이란 학문이 생겨나기도 전에 이미 뛰어난 작가, 화가, 작곡가, 요리사 등 일급의 예술가들이 알아낸 진실들을, 신경과학을 전공한 저자가 그게 과학적으로도 옳았다고 재확인하는 과정이 흥미진진할 뿐 아니라 빛나고 멋있어 보였다.

그 책을 선물 받은 지 석 달이 넘었지만 아직도 다 읽지를 못했다. 머리맡에 두고 매일 아침저녁으로 몇 페이지씩 읽는다. 다음 줄거리가 궁금해서 연속적으로 읽게 되는 책은 아니다. 그냥 아무 곳이나 펴놓고 읽다가 무슨 소리인지 잘 이해가 안 되는 건 건너뛰기도 하지만 마음에 와 닿거나 위로가 되는 부분은 읽고 또 읽게 된다. 과학자가 쓴 책답게 난해한 부분도 있지만 그의 인문학적인 소양 덕에 반복해서 읽어도 새 맛이 나는 매력이 있다.

이 글을 쓰기 위해 여러 번 읽은 부분을 다시 펼쳐 보면서, 나에 대해서도 기억하고 싶은 것만 기억하는 체질이라는 걸 깨달았다. 그런 깨달음이 타인에 대한 이해심을 넓혀준 것도 이 책을 읽은 소득이다. 그가 다룬 여덟 명의 예술가 중 오귀

스트 에스코피에라는 전설적인 요리사에 대한 부분은 소설처럼 재미있었고, 프루스트와 세잔의 정신분석이 가장 인상적이었다. 『잃어버린 시간을 찾아서』에서 그가 인용한 부분은 너무도 황홀해서 젊은 날 단지 지적 허영심을 위해서 지루한 걸 참고 건성으로 읽은 그 책을 다시 사보고 싶게 만들었다.

아무리 무더운 여름이라지만 거듭 읽어도 싫증 안 나는 책이 머리맡에 있고, 책방으로 뛰어가고 싶게 만드는 책도 있으니 지루함을 모르고 날 수 있을 것 같다.

죽기 전,
완벽하게 정직한 삶 살고 싶다
—박경리 유고시집 『버리고 갈 것만 남아서 참 홀가분하다』

'마지막 순간까지 펜을 놓지 않고 남아 있는 모든 기운을 사르면서' 쓰셨다고 따님이 회상하는, 박경리 선생님의 유고시집 『버리고 갈 것만 남아서 참 홀가분하다』(마로니에북스)가 나왔다. 대하소설을 쓰신 분의 시집답게 그분의 시는 유장하고도 도도滔滔했다. 길었다는 얘기가 아니라 오히려 시라는 짧은 형식 속에 당신 전체를, 그늘까지를 명주실 꾸리처럼 최소한의 부피로 담아내신 솜씨가 놀라웠다. 아니 이건 솜씨로 된 시가 아닐지도 모르겠다. 시가 와서 당신은 그냥 받아쓰기만 한 게 아닐까 싶을 만큼 꾸밈없이 자연스러웠다.

선생님을 알고 지낸 지는 30년 가까이 되지만 당시 나는 신인 시절이었고 그분은 이미 대가의 반열에 올라 있을 때였다. 연령 차이는 벗해도 허물 되지 않을 만큼 크지 않았지만 그분의 명성과 업적에 압도되어 허투루 친밀감을 나타내지 못했다.

조금씩 친해진 것은 원주로 가신 후부터였고 당신의 속마음까지 얼핏얼핏 비치신 것은 『토지』 완간 후 토지문화관을 만드시고 나서였을 것이다. 완벽한 줄로만 알았던 그분에게서 저 어른이 왜 저러실까, 내가 상상한 그분과 다른 면을 발견한 것도 그 무렵이었다.

어머니처럼 살고 싶지 않다는 말씀을 얼핏얼핏 들은 것 같은데 돌아가시기 얼마 전부터는 당신이 어머니를 닮아간다는 말씀을 자주 하셨고, 꿈속에서 자주자주 어머니를 찾아 헤맨 얘기도 해주셨는데, 「어머니」 라는 시에 그때 들은 그대로 나타나 있다. 아무리 걸출한 여성에게도 어머니는 극복하고자 하나 극복되지 않는 악몽인 동시에 결국은 그리로 돌아갈 수밖에 없는 의지처라는 생각이 든다. 시집에 나타난 그분의 가족사, 그중에서도 모계혈통의 가족사는 내가 저분이 왜 저러실까, 미처 이해할 수 없었던 그분의 그늘까지를 포함한 전모를 이해할 수 있게 해주었고, 존경에 더하여 우정까지 느끼게 되었다. 특히 마지막 목소리의 아름다움이 마음에 스민 시는 「일 잘하는 사내」라는 다음과 같은 시이다.

다시 태어나면/무엇이 되고 싶은가/젊은 눈망울들/나를 바라보며 물었다/다시 태어나면/일 잘하는 사내를 만나/깊고 깊은 산골에서/농사짓고 살고 싶다/내 대답/돌아가는 길에/그들은 울었다고 전해 들었다/왜 울었을까/(…)

이렇게 묻고 나서 본질을 향한 회귀본능, 순리에 대한 그리움 때문에 울었을 거라고 해석까지 해놓으셨다.

나는 사람으로 다시 태어나고 싶지 않으니까 다음 세상에 하고 싶은 것도 없는 대신 내가 십 년만 더 젊어질 수 있다면 꼭 해보고 싶은 게 한 가지 있긴 하다. 죽기 전에 완벽하게 정직한 삶을 한번 살아보고 싶다. 깊고 깊은 산골에서, 그까짓

마당쇠는 있어도 그만 없어도 그만, 나 혼자 먹고살 만큼의 농
사를 짓고 살고 싶다.

깊고 깊은 산골에서 세금 걱정도 안 하고 대통령이 누군지
얼굴도 이름도 모르고 살고 싶다. 신역身役이 고돼 몸보신 하
고 싶으면 기르던 누렁이라도 잡아먹으며 살다가 어느 날 고
요히 땅으로 스미고 싶다.

시집을 덮으면서 나에게 온 생각이다.

반 고흐의 손이기도 했다
감자를 먹는 저 손… 정직한 노동을 한 저 손은
—빈센트 반 고흐 『반 고흐, 영혼의 편지』

달포 전, 미술에 조예가 깊은 신부님이 이끄시는 문화탐방
단을 따라 유럽 쪽을 다녀온 일이 있다. 처음엔 유럽에서도 변
방에 속하는 몇몇 나라 시골구석에 있는 중세의 수도원을 돌
았다. 외부와 내부를 온통 벽화로 도배를 한 수도원이었다. 구
약, 신약에 대해 소상하지 않으면 무슨 뜻인지 모를 그림들이
어서 그냥 쭐레쭐레 따라다녔다. 어서 네덜란드로 가서 반 고
흐의 그림이나 실컷 봤으면 싶었다. 고흐의 그림이 많다는 크
뢸러–뮐러 미술관과 반 고흐 미술관은 마지막 일정에 포함돼
있었다.

반 고흐의 고향 아니더라도 유럽이나 미국의 큰 미술관이라면 그의 그림을 소장하고 있지 않은 곳이 없다. 국내에서도 반 고흐 전이 열린 적이 있다. 그의 진수를 대량으로 볼 수 있는 좋은 기획전이어서 나도 가보았지만 관람객이 너무 많아 사람들 틈 사이로 얼핏 얼핏 엿본 것처럼 감질이 났었다. 어려서부터 좋은 그림과 접한다는 것은 요새 태어난 아이들의 큰 복이지만 그 애들이 떠드는 것도 나로서는 참기 힘들었다.

이번 기회에 그의 몇몇 그림과 조용히 독대獨對를 해보고 싶었다. 크뢸러-뮐러 미술관에서 비로소 그 꿈이 이루어졌다. 그러나 〈감자 먹는 사람들〉〈베 짜는 사람들〉 등 그가 파리로 가기 전, 누에넨 시절의 어두운 그림을 보는 것은 고통스러웠다. 그가 칠한 어둠은 너무 무겁고 깊고 강렬했다. 한꺼번에 많은 미美를 본다는 건 원래 사람을 지치게 하는 법이지만 고흐의 그림은 특히 더 했다. 집에 돌아온 후에도 맥을 못 출 만큼 피로감이 유난히 오래갔는데, 그건 여독이라기보다는 강력한 정신한테 허약한 정신이 한바탕 휘둘리고 난 후유증이 아닐까 싶었다.

몸을 좀 추스르고 나서 책방에 들렀다가 고흐의 편지를 모은 『반 고흐, 영혼의 편지』(신성림 옮김 · 예담)를 샀다. 동생 테오에게 쓴 편지를 읽고 그를 더 깊이 이해한 것처럼 느꼈고 더 좋아하게 되었다. 그리고 만날 돈 걱정이 떠나지 않는 자유로운 영혼의 피할 수 없는 우울과, 자신의 그림이 후세에 남을 것이라 믿는 오만과, 살아서 유명해지고 싶은 세속적인 욕망까지 예술가로서뿐 아니라 인간으로서 자신 전체를 적나라하게 드러낼 수 있는 테오 같은 동생을 둔 고흐가 부러웠다. 그는 지금까지도 세상 사람들의 가장 많은 사랑을 받고 있는 〈감자 먹는 사람들〉에 대해 특히 많은 말을 남기고 있다.

나는 램프 불빛 아래서 감자 먹고 있는 사람들이 접시에 내밀고 있는 손, 자신을 닮은 그 손으로 땅을 팠다는 점을 분명히 보여주려고 했다. 그 손은, 손으로 하는 노동과 정직하게 노력해서 얻은 식사를 암시하고 있다.

그 밖에도 그의 편지 곳곳에는 노동을 다른 무엇보다도 아름답게 간주하면서 다른 화가들이 농부나 바느질하는 여인

235

등, 민중 속에서 모델을 찾지 않는 것에 대해 분개하고 있다.

이 책을 덮으면서 책 팔아 돈푼도 만지고 길에서 알아보고 사인해달라는 독자도 더러 생기게 되니, 내가 무슨 대가라도 된 양 자족하는 자신에 대해 욕지기가 날 것 같았다.

3부_ 그리움을 위하여

그 많은 사건과 인생들이 생생히 살아 움직이면서
비천한 것들이 존엄해지기도 하고 잘난 것들이
본색을 드러내면서 비천해지고 하는 게,
마치 지류의 맑고 탁함을 가리지 않고 받아들인 큰 강이 도도히 흐르면서
그 안에 온갖 생명들을 생육하는 것과 같은 장관입니다.
이 작은 나라에서 그런 큰 강이 존재할 수 있다는 건
문학이니까 가능한 축복이요 기적입니다.

천진한 얼굴 가지신
아담한 노신사
추기경님 존재 자체가 하나의 교회
-김수환 추기경 선종

김수환 추기경님을 보내며…

지난해 가을이었다. 강남성모병원에 입원 중인 이해인 수녀
님을 문병 갔다가 같은 병동에 추기경님이 계시다는 걸 듣고
가 뵙고 싶어 가슴이 다 울렁거렸지만, 뜻을 이루지 못했다.
노환으로 위중하여 문병객을 사양한다는 건 이미 들어 알고
있었지만, 수녀님 '빽' 이면 혹시 뵐 수 있을까 했는데, 먼저 가
뵙고 온 수녀님이 오히려 말리셨다. 편히 주무시는 시간이 많
은데 의식이 있으실 때는 간호하는 수녀님들이나 문병 오는
가까운 분들에게 미안해하시고 감사를 표하고 싶어 애쓰신다

는 말을 들었다.

병환 중에도 남을 배려하기 얼마나 힘드실까. 이승에서 마지막 안식을 방해하지 않는 것도 추기경님을 위하는 길인 것 같아 뵙기를 단념했다. 선종 소식을 듣고 제일 먼저 떠오른 생각이 그때 뵐걸, 내 적극적이지 못한 성품에 대한 후회였다.

나는 민주화 운동이 한창 치열했던 1980년대에 가톨릭 교리 공부를 시작해서 몇 번의 재수 끝에 1985년 영세를 받았다. 가톨릭에 대해 확신이 생겨서가 아니라 민주화 운동의 한가운데 그분이 계시다는 믿음 때문이었다. 그분은 정의를 위해 박해받고 쫓기는 이들을 말없이 그분의 날개로 덮고 품으셨을 뿐, 결코 선동하거나 부추기지는 않으셨다. 만약 그분까지 투쟁적이었다면 그분의 그늘, 그분의 날개 밑이 그렇게 편했을 리가 없다. 정의의 투사에게도 그분의 그늘이 필요했겠지만, 자유를 위해 피 한 방울 흘리기 싫었던 나처럼 소심한 비겁자에게도 그분의 그늘은 필요했던 것이다.

이건 들어서 알고 있는 얘긴데, 그분은 민주화 운동을 하다가 체포되어 사형이나 무기징역 등 중형을 받고 수감된 인사들의 가족들에게도 그렇게 자상하고 따뜻했을 수가 없었다고 한다. 내가 오래전부터 알고 지내는 그런 운동권 남편을 둔 한 여인도 그런 경험을 이야기했다. 그때 명동성당 내의 전진상 교육관에서 자주 추기경님을 뵙고 간소하고 푸근한 식사를 대접받으며 추기경님하고 이런 얘기 저런 얘기 할 수 있는 위로의 시간이 없었다면 어떻게 그 어려운 시기를 견딜 수 있었겠느냐고 지금도 얘기하곤 한다. 그 여인은 지금도 그 얘기를 할 때면 눈에 눈물이 그렁그렁해지고 나는 나도 모르게 그 여인을 품에 안고 다독거리게 된다.

추기경님을 모시고 조촐하게 식사도 하고 대화도 나눌 수 있었던 것은 그분이 서울대교구장에서 은퇴하시고 비교적 한가해지신 후였는데 그것도 내가 찾아뵙거나 요청해서가 아니라 누군가가 중간에서 마련하거나 초청해준 자리였다. 어느 신문사의 초대로 러시아 발레단의 〈백조의 호수〉를 보러 간 적이 있는데 나란히 앉아 측근에서 뵌 추기경님은 제의가 아닌 간편한 복장이어서인지 너무도 가볍고 작은 분으로 보였다.

더욱 놀라운 것은 공연이 끝나자 일어나셔서 어찌나 열렬하게 오랫동안 박수를 치시는지 연예인에 열광하는 요즘 청소년과 다름이 없었다. 누군가 정말인지 추측인지 "저 발레리나 중 한 명을 추기경님이 특별히 아끼셔서 한 번이라도 더 보려고 저렇게 열렬하게 박수를 치시는 것"이라고 했다.

그러나 나는 "누구도 어린이같이 되지 못하면 하늘나라에 들지 못할 것"이란 성경 구절이 생각나 '저 어른이야말로 천당은 떼어놓은 당상'이라고, 좀 무엄한 생각을 했었다.

그 후에도 더러 모시고 같이 식사를 할 기회가 있었는데, 한 번은 엘리베이터 앞에서였다. 우릴 초청해준 측에서 승강기 앞에 양쪽으로 지켜서서 추기경님이 먼저 안으로 드시도록 안내했지만, 추기경님은 옆으로 비켜서시면서 나한테 먼저 타라고 하셨다. 당연히 내가 사양하자 "레이디 퍼스트!" 하셨다. 더 사양하지 않고 냉큼 올라타면서 "영 레이디young lady가 아니어서 죄송합니다" 했더니 "나보다 영이지요" 하시면서 뒤따라 타셨다. 그럴 때 그분은 추기경 같지도, 소년 같지도 않은 매너 좋고 유머감각 풍부한 노신사처럼 보였다.

요한 바오로 2세가 선종하시고 나서 접하게 된 그의 어록 중에 이런 것이 있었다. "바티칸은 지구 상에서 가장 작은 나라다. 이 작은 나라가 전쟁을 위해 할 수 있는 일은 제로에 가깝지만, 평화를 위해 할 수 있는 일은 거의 무한대다." 그게 바로 가톨릭 정신이라면 김수환 추기경님이야말로 그 존재 자체가 하나의 교회였다는 걸 이제야 알겠다.

신원伸寃의 문학

-박경리 선생 추모

선생님 정녕 가셨습니까. 선생님이 하루를 못 넘길 정도로 위독하시다는 소식을 듣고 달려갔을 때, 비록 의식은 없으셨지만 손은 말랑하고 부드럽고 따뜻했습니다. 평소 유난히 손이 찬 저는 그날은 마음까지 시려서 차갑게 경직된 두 손으로 선생님의 따순 손을 마냥 조물락거렸습니다. 제 언 손을 녹이고자였습니다. 그리고 따님에게 위로랍시고 한다는 소리가 이렇게 손이 더운데 쉬 돌아가실 리가 없다고 장담을 했지요. 실은 두려워서 떨리는 제 마음을 위로하고 싶었던 겁니다. 그러나 그 후 다시는 선생님의 따순 손을 만질 수 없었습니다.

저는 평소에 선생님을 뵐 때마다 뭔가를 얻어 가져 버릇해서, 빈손으로 고독하게 이 세상과 하직할 준비를 하고 계신, 그 절체절명의 엄혹한 순간에도 선생님의 마지막 체온이라도 탐하려 했던 게 아니었을까, 참람한 마음이 듭니다.

선생님은 제가 원주에 갈 적마다 뭔가를 먹이지 못해 애타하셨고 돌아올 때는 선생님이 손수 가꾸신 걸 아낌없이 구메구메 싸주셨습니다. 김장이나 된장은 선생님을 믿고 아예 담그지 않았고, 일부러 감자 캘 때나 옥수수 익어갈 때를 맞춰가서 바리바리 얻어다가 자식들하고 나누기도 했지요.

단구동 댁 마당에서 해마다 풍성한 열매를 맺던 여러 그루의 대추나무와 그 틈에 뱀이 산다는 돌무더기들, 문화관이 있는 매지리 댁의 잘생긴 간장 된장독이 즐비한 장독대는 언제 꺼내보아도 싫증 나지 않는 그리운 고향 집의 흑백사진입니다.

단구동 댁에서 선생님은 장장한 대하소설 『토지』를 완간하셨을 뿐 아니라 그 큰 집의 살림과 손님 대접, 채마밭 가꾸기, 고양이 밥 주기 등을 다 손수 하셨지요. 대작을 쓴 곳이라곤 믿어지지 않게 별 볼 것 없는 소박한 집필실보다는 이 층 베란다 난간에 즐비하게 널려 있던 황톳빛이 밴, 셀 수 없이 많은 면장갑이 지금도 눈에 선합니다. 저렇게까지 하실 게 뭐 있나, 대충 사시지. 이런 마음도 있었을 겁니다.

　단구동 댁의 으뜸 효자는 아마도 대추나무였을 겁니다. 사람 손이 덜 가고도 풍부한 열매를 맺어, 받는 것보다는 주는 걸 즐기시는 선생님을 흡족하게 해 드렸으니까요. 가을이면 선생님을 좋아하고 따르던 지인 후배들은 멀리 있건 가까이 있건 계절인사처럼 잘 익은 대추를 한 보따리씩 선물로 받곤 했지요. 그 대추나무들이 돌림병으로 죽은 것과 『토지』 완간 기념잔치를 성대하게 연 것과 어느 것이 먼저였는지는 잘 생각나지 않습니다. 사람 사는 집에서는 어차피 큰 일과 작은 일, 기쁜 일과 언짢은 일이 번갈아가며 일어나게 돼 있으니까요. 하지만 제가 지금도 단구동이 그리운 것은 대작의 산실이었다는 것을 비롯해서 우리 문단과 문학 애호가들이 공유하는 크고 작은 사건의 현장이었기 때문이 아니라 순전히 사적인 저 혼자만의 추억 때문입니다.

　제가 죽을 것처럼 힘들고 부끄러워서 다시는 세상을 안 볼 것처럼 자신 안에 꼭꼭 칩거해 있을 때 저를 반강제로 밖으로 끌어낸 건 《한국일보》 장명수 고문이었을 겁니다. 그 최초의 외출이 단구동 선생님 댁이었습니다. 김성우 논설위원도 같이였구요. 지금 생각해보니 우리가 무작정 간 게 아니라 선생님이 그렇게 시키셨겠지요. 손수 지으신 점심상이 차려져 있었으니까요. 그때 선생님이 지으신 따순 밥과 배추속댓국을 눈물범벅으로 아귀아귀 먹게 하신 선생님의 사랑인지 그 우격다짐을 제가 어찌 잊을 수 있겠습니까. 잊어버리면 사람도 아니지요. 대범한 줄로만 알았던 선생님이 처음으로 내보이신 따뜻한 속정에 저는 비로소 버림받고 헐벗은 채 친정으로 돌아온 딸처럼 마음 놓고 울었다 웃었다 술주정까지 했었지요. 그리고 다시 선생님이 제 등을 떠미시니 바깥세상으로 나가기가 한결 수월해지더이다.

그러나 저는 선생님의 외동딸은 아니었나 봅니다. 단구동 댁을 기념관으로 내주시고 더 큰 터전을 잡아 매지리로 거처를 옮기실 때 후배 작가들이 머물며 창작에만 전념할 수 있는 문화관을 따로 지으셨습니다. 사랑하는 후배에게 어떻게든 무공해 채소와 집 밥을 먹이고 싶어하신 모성애를 못 이겨 아예 하숙비 없는 하숙집을 차리셨습니다. 외딸인 줄 알았다가 졸지에 여러 동생을 보게 된 저는 한때는 속으로 은근히 삐치기도 했지요. 얻어 올 수 있는 게 텃밭에서 나는 채소에다가 오봉산에서 나는 오가피나 두릅, 취나물 등으로 늘어나긴 했어도 더는 선생님이 지으신 집 밥은 얻어먹을 수는 없게 되었습니다. 어쩌겠습니까. 아우들이 조롱조롱 생겼는데 맏이는 젖이 떨어질 수밖에요. 선생님의 그늘에서 문화관 밥과 무공해 채소라도 얻어먹어야만 힘이 날 것처럼 속이 비고 허전할 때면 저도 문화관 식구가 되어 선생님의 공짜 밥을 얻어먹어 버릇하게 되었습니다. 비록 도우미 아주머니들이 대신 해주는 밥이지만 식탁에 선생님이 손수 가꾸신 채소가 떨어지지 않는한 문화관 밥은 집 밥과 다름이 없었습니다.

제가 단골로 쓰던 문화관 삼 층 끝 방에서는 선생님의 텃밭이 빤히 내려다보였습니다. 아침 일찍 텃밭을 기다시피 엎드려 김매고 거두시는 선생님을 뵐 때마다 철이 난 것처럼 흙에서 나는 모든 것이 얼마나 소중한 우리의 생명줄인지를 깨우쳐갔지요. 선생님은 늘 말씀하셨지요. 땅처럼 후한 인심은 없다고, 뿌린 것에다 백배 천배의 이자를 붙여서 갚아주는 게 땅의 마음이라고, 본전 까먹지 말고 이자로 먹고살아야 한다고. 그러니까 선생님은 밭에 엎드려 김을 매고 있는 게 아니라 경배를 하고 계셨는지도 모릅니다. 땅에 대한 경배가 곧 농사일이 아니겠습니까. 선생님은 입으로 하는 직업적인 환경운동가가 아니라 몸으로 실천하는 천성의 농사꾼이셨습니다. 사실, 땅이 거저 이자를 붙여줍니까. 인간의 피땀과 등골을 있는 대로 빼먹어야 거기 합당한 이자를 붙여주는 게 땅 아니던가요. 그래서 사람들은 땅의 그런 느리고 인색한 보상에 만족하지 못하고 그까짓 땅기운을 아예 시멘트로 틀어막고 아파트를 지어 큰 이익을 남기게 되지 않았을까요.

선생님은 세상이 그렇게 돌아가는 걸 늘 못마땅해하시면서 분개도 많이 하셨죠. 선생님은 자연숭배자셨습니다. 어떤 권력자나 재력가 앞에서도 당당하고 거침없이 할 말 다 하시던 선생님이셨으나 자연 앞에서는 한없이 작고 겸손해지셨습니다. 댁에 늘 문화관 식구들이 먹고 남을 만큼 먹을 것이 넘치는 게 다 오봉산 덕이라고 문화관을 품고 있는 산한테까지 그 공을 돌리고 두 손 모아 경배하는 걸 뵌 적도 있습니다. 어찌 산과 들에서 나는 것뿐이겠습니까. 선생님이 몇 년 전 고향 통영을 방문하고 돌아오신 후에는 통영 시장을 비롯한 통영 시민들의 선생님에 대한 애정과 자부심이 극진하여 늘 귀한 해산물도 보내오는 듯했습니다. 제가 원주에서 얻어올 수 있는 먹을 것도 다양해졌습니다. 내륙에서 자란 저는 생선 이름도 몇 가지밖에 모르는데 특히 볼락이라는 작은 생선은 여태까지 듣도 보도 못한 신기한 거였습니다. 볼락젓을 넣고 담근 김치 또한 생전 처음 먹어보는 별미였구요.

어느 해인가 명절을 앞두고 있어 우리도 뭔가 작은 선물을 사 가지고 갔는데 선생님 댁 주방과 거실에는 과일, 떡 등 먹을 것이 넘쳐나 보였습니다. 그런데도 문화관 식구들을 잘 먹일 수 있어서 어떤 선물보다도 먹을 것이 제일 반갑다고 인사 치레를 하시고 나서 주방 한 귀퉁이에 있는 작은 쌀독을 가리키시며 이렇게 말씀하셨지요.

"난 저 쌀독만 있으면 돼. 저 많은 먹을 것들이 나한테 무슨 소용이 있겠어. 끼니때 쌀독에서 쌀을 한 줌씩 내다가 한 톨이라도 바닥에 떨어지면 엎드려서 손가락 끝으로 찍어 담아야 마음이 편해."

어려서 집이 끼니 걱정을 할 정도로 어렵지는 않았는데도 우리 엄마는 약간 맛이 간 쉰밥도 버리지 못하고 물에 씻어서 당신 혼자서 드셨습니다. 제가 질색을 하고 말리면 "밥이 아까워

서 못 버리냐? 하늘이 무서워서 못 버리지"하시던 엄마 생각
이 났습니다.

돈으로 치면 몇 푼 안 되는 푸성귀를 얻기 위해 땅을 기던
선생님, 쌀 한 톨을 위해 부엌 바닥을 기던 선생님, 선생님이
그립습니다.

작년 선생님의 마지막 생신 때 생각이 납니다. 그때 우리는
(《현대문학》양숙진 사장과 저) 그게 마지막 생신이 되리라는 걸
알고 있으면서도 모르는 척해야 했습니다. 따님을 통해 선생
님이 치료를 거부했을 뿐 아니라 아무도 당신 병을 아는 걸 원
치 않으신다는 걸 미리 전해 들었기 때문입니다. 선생님의 건
강한 척은 완벽했습니다. 평소와 다름없이 줄담배까지 피우셨
으니까요. 딴 생신 때와 달랐던 것은 우리가 원주로 가지 않고
선생님이 서울 오신 김에 생신을 핑계로 식사자리를 마련한
거였습니다. 남산의 하얏트호텔에서였습니다. 우리가 전해 들
은 선생님의 암은 오진일 거라는 확신이 들 만큼 선생님의 식
욕은 평소와 다름이 없으셨고 세상 돌아가는 일에 대한 혜안
도 여전하셨습니다. 누가 버릴 세상에 대해 그런 애정을 갖겠
습니까. 그러나 그날 모임의 압권은 호텔 앞에서의 노느매기

였습니다. 선생님은 당신 생신을 빙자한 저희들의 식사 대접 자리에 오시면서도 빈손으로 오시지를 않고 또 원주에서 난 것, 통영에서 부쳐온 것들을 구메구메 챙겨 오셨습니다. 우리 속물들은 국산차만 타고 들어가도, 소형차만 타고 들어가도 주눅이 들 것처럼 럭셔리한 것으로는 서울에서 둘째가라면 서러워할 특급호텔 현관에다가 온갖 촌스러운 것들을 풀어놓고 양 사장 몫과 제 몫으로 나누어 차에 실어주신 선생님 때문에 그날 우리는 얼마나 행복하고 통쾌하고 으쓱했는지요. 그 거침없으심은 만천하에 보여주고 싶을 만큼 자랑스러웠습니다.

선생님이 너무 갑자기 이 세상을 버리시고 이 세상 사람이 아니게 되시니 불과 몇 달 전에 있었던 일도 이렇게 옛이야기하듯 하게 됩니다.

생전에 소원하신 대로 선생님은 원주를 거쳐 고향 통영의 흙으로 돌아가셨습니다. 저는 원주까지만 선생님을 배웅하고 통영까지는 모시지 못했습니다. 원주에서 통영까지 차로 간다는 건 제 몸에 너무 눈치 보이는 일이었기 때문입니다. 여기는 어디까지나 몸으로 살아내야 하는 이승이니까요. 건강상의 이유 말고도 선생님은 원주에 계셔야 할 것 같은, 육신으로부터 자유로워진 영은 어디에도 있을 수 있는 거라면 원주에 더 많이 계실 것 같은 미련 때문이기도 했습니다.

원주에서는 단구동 기념관에서 원주 시민들의 진정 어린 애도의 자리를 거쳐 마지막으로 매지리 문화관에서 노제를 지냈습니다. 그리고 영영 원주를 떠나셨습니다. 선생님을 배웅하고 나니 노제 지낸 제상만 뎅그머니 남아 있더군요. 누군가가 큰 병에 반 넘어 남아 있는 백세주를 따라 마시고 있기에 저도 한 잔 달라고 했지요. 한두 잔 얻어 마시고 나서 안주를 집으려고 보니 먼저 메밀부침개가 눈에 들어오지 뭡니까. 당장 입에 침이 고여 얌전하게 네모로 접어 괴어놓은 부침개 한 자락을 맨손으로 찢어서 입에 넣었습니다. 딱 그 맛이었습니다. 선생님하고 자주 가던 고사리 식당이던가요, 개 건너 집이던가요, 아니면 이름은 잊었지만 부부가 다 착하고 진국이라고 선생님이 좋아하시던 길가 식당이던가요. 그런 데서 먹어보고 집에 싸가지고 오기까지 하던 딱 그 메밀부침 맛이었습니다. 거의 투명할 정도로 얇게 부쳐 도리어 메밀의 깊은맛을 극대화한 부침개 맛은 술을 더 먹고 싶은, 술 허기증 같은 걸 건잡을 수 없게 했습니다. 그것도 술은 꼭 소주여야 할 것 같은. 그

자리에 소주는 없었으므로 우선 먹던 부침개라도 싸가지고 올
요량으로 주춤대다가 제 주접떠는 모습을 이혜경 작가에게 들
키고 말았습니다. 이 작가가 부침개는 자기가 얻어가지고 갈
테니 저더러는 그 아래 식당에서 기다리고 있으라고 했습니
다. 저는 한 번도 가본 적이 없는 데였지만 문화관에서 가장
가까운 데였습니다. 문화관에 묵고 있던 작가들을 비롯해서
통영까지 못 간 몇몇 작가들이 노제 후 거기서 만나기로 미리
약속이 돼 있었던 듯, 오정희 작가, 한국예술종합학교 이강숙
전 총장을 비롯해서 젊은 작가들이 자리를 같이했습니다. 나
중에 나타난 이혜경 작가는 메밀부침을 얻어 오지 못했습니
다. 할 수 없이 그 집에서 안주로 그걸 시켰지만 그 맛이 아니
었습니다. 상관없었습니다. 소주가 있었으니까요. 작은 식당
이라 맥주는 곧 떨어졌지만 소주는 넉넉했습니다. 다른 작가
들은 맥주에 소주를 타 마셨지만 저는 순전한 소주를 고집했
습니다. 소주 기운이 돌자 여태까지 중요하게 여기던 것들이
다 대수롭지 않게 여겨졌습니다. 한 번도 말로 표현하지는 않
았지만 선생님의 한이 제 한이었던 곡절까지 매듭이 풀리듯이
허술해졌습니다. 선생님은 마침내 자유로워지셨구나. 부러운

마음까지 들었습니다. 맺힌 슬픔, 의지가지없이 허전한 마음
이 헐렁해지자 우리는 찍찍 허튼수작까지 날리며 희희덕댈 정
도로 편안해졌습니다.

생각해보니 선생님과는 한 번도 허튼수작을 해본 적이 없네
요. 농담 한 번 안 하고 이 풍진 세상 그 힘든 세월을 어떻게
살아내셨을까. 문득 그런 생각이 들자 선생님이 가여워졌습니
다. 이런 걸 선생님의 표현을 빌려 연민이라 한다면 너무 외람
될까요.

선생님 가신 후에도 문화관은 이어지겠지만 손수 가꾸신 채
소를 다시 얻어먹을 수는 없겠지요. 왜 이렇게 선생님이 거두
신 건 야금야금 거저 얻어먹고 싶은지, 그걸 못 하게 된 게 왜
이렇게 서러운지 전 참 염치도 없지요. 선생님은 후배들이 평
생, 그리고 대를 이어 자자손손 파먹어도 파먹어도 바닥나지
않을 거대하고 장엄한 문학유산을 남기셨는데도 불구하고 말
입니다. 선생님이 필생의 업적으로 남기신 『토지』에는 우리의
파란만장한 근세사의 모든 국면과 모든 직업, 고귀한 인간성
으로부터 바닥 상것의 비천함까지 천태만상의 인간군상이 총

망라되어 있습니다. 그것도 박제를 만들어 모자이크 한 게 아니라, 그 많은 사건과 인생들이 생생히 살아 움직이면서 비천한 것들이 존엄해지기도 하고 잘난 것들이 본색을 드러내면서 비천해지고 하는 게, 마치 지류支流의 맑고 탁함을 가리지 않고 받아들인 큰 강이 도도히 흐르면서 그 안에 온갖 생명들을 생육하는 것과 같은 장관입니다. 이 작은 나라에서 그런 큰 강이 존재할 수 있다는 건 문학이니까 가능한 축복이요 기적입니다.

선생님, 우린 오래오래 두고두고 그 큰 강가에서 목도 축이고 필요한 양분도 취하면서 번성할 테니 천상에서 지켜봐 주시고, 저것들이 내 하숙 밥 없이도 잘만 크네, 흐뭇하게 미소 지어주시길. 문화관의 맏이 박완서 두 손 모아 빌며 선생님을 전송합니다.

* 이 글은 박경리 선생님 영결식에 바친 조사에다가 그때 시간상 못다 한 이야기를 보탠 글임을 밝힙니다. ─필자 주

보석처럼 빛나던
나무와 여인
-박수근 화백 추모

박수근 화백을 알게 된 것은 1951년이 저물어가는 겨울이었다. 그때 나는 스물한 살이었고, 서울대학교 문리대 국문과에 입학한 이듬해였다. 그때만 해도 서울대에 여학생 수란 손가락으로 셀 수 있을 정도로 희귀했고, 특히 문리대는 대학의 대학이라고 자긍심이 대단할 때라 나도 내 위에 누가 있으랴 싶게 콧대가 높았었다.

그러나 입학하자마자 6·25가 나고 집안이 몰락해서 어린 조카들과 노모를 책임져야 하는 가장이 되고 말았다. 생산업체도 관공서도 있을 리 없는 환도 전의 최전방 도시 서울에서 찾을 수 있는 직장은 미군부대가 고작이었다.

서울의 번화가는 거의 폐허가 돼 있었고 남쪽으로 피난 간 시민들의 한강 도강은 엄격히 금지되어 있어 온전한 주택가도 텅텅 비어 있었다. 온전한 직장이 있을 리 없었다. 살아 있는 경기라곤 오직 미군부대 주변의 양공주 경기가 무슨 도깨비불처럼 요괴롭게 명멸할 뿐이었다. 그런데 PX라니, 나는 그때 PX 근처를 얼쩡거리기만 했을 뿐인데 거짓말처럼 쉽게 PX에 취직이 됐다. 그때 미 8군 PX는 지금의 신세계백화점에 자리 잡고 있었다. 그 일대의 큰 건물들이 다 불타고 파괴된 가운데 오직 그 건물만이 온전했다. 그러나 비록 폐허가 됐을망정 PX에서 흘러나오는 미군 물자와 PX를 드나드는 미군을 상대로 한 장사로 그 일대는 딴 세상처럼 화려했고 시끌시끌한 활기가 넘치고 있었다. 장사꾼뿐 아니라 오물을 한 깡통씩 들고 다니며 PX 걸을 협박해서 돈을 구걸하기도 하고, 미군의 소지품을 슬쩍하기도 하는 구걸과 소매치기와 뚜쟁이를 겸한 소년들의 중심지이기도 했다. 전쟁의 불안과 가난에 찌든 우리가 밖에서 보기엔 PX야말로 별세계였다. 알리바바의 동굴처럼 들어가기가 어려워서 그렇지 일단 들어가기만 하면 온갖 진귀한 보물이 널려 있는 꿈의 보고였다. 그러나 그 안에서 물건을 빼돌리다 들통이 나면 그 자리에서 해고를 당하고 새로 뽑기 때문에 기회만 잘 닿으면 취직하기 쉬운 자리이기도 했다. 그만큼 줄 서서 기다리는 구직자도 많았는데 그중에서 쉽게 발탁이 된 것은 그 와중에도 서울대 학생이라는 게 눈길을 끈 것 같았다.

쉽게 임시 패스를 받고 그 안에 들어가 보니 진짜 PX 걸이 된 것이 아니라 한국물산 위탁매장의 점원이 된 것이었다. 그때 PX는 아래층만 매점이었는데 그것도 삼분의 일가량은 한국인 업자에게 위탁매장으로 내주고 있었고, 그중의 하나가 초상화부였는데 나는 그곳으로 배치를 받았다. 초상화부엔 다섯 명 정도의 궁기가 절절 흐르는 중년남자들이 그림을 그리고 있었는데, 전쟁 전엔 극장 간판을 그리던 사람들이라고 했다. 업주가 그들을 간판장이라고 얕잡아 보니까 나도 그렇게 알고 함부로 대했다. 박수근 화백도 그중 한 사람이었다. 나는 그가 딴 간판장이와 다른 점을 전혀 알아보지 못했다. 그의 염색한 미군 작업복은 매우 낡고 몸집에 비해 작았으며 말이 없는 편이었다.

내가 초상화부에서 할 일은 화가를 뒷바라지하면서 미군으로부터 초상화 주문을 맡는 일이었다. 제 발로 걸어와서 초상화를 그리겠다고 주문하는 미군은 거의 없었다. 먼저 말을 걸어 초상화를 그리도록 꼬시는 일이 나의 주된 업무였다. 그 일은 물건을 파는 일보다도 훨씬 어려웠다. 영어도 짧은데다가 꽁하고 교만한 성격도 문제였다. 오죽했으면 식구가 다 굶어 죽는 한이 있어도 그만두어 버릴까 보다고 매일 아침 벼를 정도였다. 나에겐 전혀 맞지 않는 일이어서 그림 주문이 거의 끊기다시피 했다. 업주가 무어라고 하기 전에 화가들이 먼저 아우성을 치기 시작했다. 나는 월급제였지만 그들은 작업량에 따라 일주일에 한 번씩 그림 삯을 타가게 되어 있었다. 내 식구뿐 아니라 화가들 식구의 밥줄까지 달려 있다는 무거운 책임감이 조금씩 내 말문을 열게 했다. 화가들이 나에게 불평을 할 때도 박수근은 거기 동조하는 일이 없었다. 남보다 몸집은 크지만 무진 착해 보이고 말수가 적어서 소 같은 인상이었다.

착하고 말수가 적은 사람이 자칫하면 어리석어 보이기가 십상인데 그는 그렇지가 않았다. 그러나 그 바닥은 결코 착하고 점잖은 사람을 알아볼 만한 고장이 아니었다. 나부터도 그랬다. 내가 말문이 열리고, 또 어느 정도 뻔뻔스러워지기도 해서 돼먹지 않은 영어로 미군에게 수작을 걸 수 있게 되고, 차츰 그림 주문도 늘어날 무렵부터 화가들에게 안하무인으로 굴기 시작했다. 내 덕에 그들이 먹고살 수 있다는 교만한 마음이 그들을 한껏 무시하고 구박하게 했다. 그들은 거의 사오십대로 나에겐 아버지뻘은 되는 어른인데도 나는 그들을 김씨, 이씨 하고, 마치 부리는 아랫사람 대하듯이 마구 불러댔다. 김 선생님, 이 선생님이라고 부르기 싫었으면 하다못해 김씨 아저씨, 이씨 아저씨라고 해도 좋으련만 꼬박꼬박 김씨, 이씨였다. 그도 물론 박씨에 지나지 않았다. 그때 나는 그들에게 내가 아무리 잘난 체를 해도 지나칠 것이 없다고 여기고 있었다. 양갓집 딸로, 또 서울대 학생인 내가 미군들에게 갖은 아양을 다 떨고, 간판장이들을 우리나라에서 제일급의 예술가라고 터무니없는 거짓말까지 해가며 저희들의 일거리를 대주고 있는데, 그만한 생색쯤 못 낼게 뭔가 싶었다. 나는 그때 내가 더는 전락할 수 없을 만큼 밑바닥까지 전락했다고 생각하고 있었고, 그 불행감에 거의 도취해 있었다.

다른 매장은 물건을 한번 팔면 끝나는데 초상화부는 그림 주문을 받은 것으로 끝나는 것이 아니었다. 주문한 그림을 찾으러 올 때가 더 문제였다. 미군들도 제 얼굴을 그려달라는 이는 거의 없고 애인이나 아내 혹은 누이의 사진을 맡기고 그려달라는데, 찾으러 와서는 닮지 않았다느니 실물보다 못하다느니 트집을 잡기가 일쑤였다. 주문을 맡은 때보다 찾아갈 때 더 능란한 수완을 요했다. 만약 내가 그들의 트집을 달래고 설득하기가 귀찮아서 다시 그려주겠다고 반품을 받으면 그 손해는 고스란히 화가들에게 돌아갔다. 공짜로 또 한 장을 그려야 한다는 시간과 노력의 손해보다 재료값을 주급에서 공제하는 걸 그들은 몹시 억울해했다. 당시 초상화부에서 쓴 화판은 캔버스가 아닌 스카프, 손수건, 사륙배판 크기의 노방 조각 등 세 종류였다.

그중 인기품목이 스카프였다. 나는 실크 스카프라고 허풍을 떨었지만 아주 조잡하게 짠 네모난 인조견 보자기 한쪽 모서리에 용 모양을 나염한 것이었다. 지금 같으면 안감으로도 안 쓸 번들번들한 인조견 조각이 원가가 1달러 30센트였고 나염한 용과 대각선이 되는 모서리에다 초상화를 그리면 6달러를 받았다. 화가에게 그중 얼마가 공전으로 돌아가는지는 모르지만 그림 하나를 망치면 1달러 30센트를 고스란히 물어내야만 했다. 반품받는 것을 그들은 '빠꾸 받는다'라고 했는데, 내가 기분이 언짢으면 함부로 빠꾸 받는다는 걸 알고 내 비위를 맞추려고 비굴하게 구는 것도 무리가 아니었다. 그럴수록 나는 그들을 깔보고 한껏 신경질을 부렸다. 나는 하찮은 그들을 위해 나의 그 대단한 자존심을 팔았다고 여기고 있었기 때문에 아무리 생색을 내도 모자라는 느낌이었다. 그 무렵 내가 그들에게 얼마나 싹수없이 못되게 굴었나는 지금 생각해도 모골이 송연해진다. 나는 틈만 나면 고개를 곧추세우고 뒷짐을 지고, 화가들이 작업하고 있는 책상 사이를 오락가락하면서 그들의 그림 솜씨를 모욕적으로 평하기를 즐겼다.

어느 날 박수근이 두툼한 화집을 한 권 옆구리에 끼고 출근을 했다. 나는 속으로 '꼴값하고 있네, 옆구리에 화집 낀다고 간판장이가 화가 될 줄 아남' 하고 비웃었다. 그러나 순전히 폼으로만 화집을 끼고 나온 것은 아닌 모양이었다. 그가 화집을 펴들고 나에게로 왔다. 얼굴에 망설이는 듯 수줍은 미소를 띠고. 마치 선생님에게 칭찬받기를 갈망하는 초등학교 학생처럼 천진무구한 얼굴이었다. 그가 어떤 그림 하나를 가리키며 자기 작품이라고 했다. 일하는 촌부村婦 그림이었다. 일제시대의 관전인 조선미술전람회에 입선한 자기의 그림이라고 했다. 내가 함부로 대한 간판장이 중에 진짜 화가가 섞여 있었다는 건 사건이요 충격이었다. 나는 부끄러움을 느꼈고, 내가 그동안 그다지도 열중한 불행감으로부터 문득 깨어나는 기분을 맛보았다. 그리고 나의 수모를 말없이 감내하던 그의 선량함이 비로소 의연함으로 비치기 시작했다.

그는 왜 어느 날 느닷없이 그 화집을 나에게 보여줬을까. 간판장이들과 다르게 보임으로써 내 구박을 조금이라도 덜 받아보려고 그랬을까? 그러나 나에게 그 화집을 잠깐 보여준 후에도 그는 여전히 잘난 척이라곤 모르는 간판장이들 중에서 가장 존재 없는 간판장이로 일관했다. 그가 신분을 밝힌 것은 내가 죽자꾸나 열중한 불행감으로부터 헤어나게 하려는 그다운 방법이었을지도 모른다는 생각을 하게 된 것은 한참 후의 일이다. 내 불행에만 몰입했던 눈을 들어 남의 불행을 바라볼 수 있게 되고부터 PX 생활이 한결 견디기가 쉬워졌다. 그에 대한 연민이 그 불우한 시대를 함께 어렵게 사는 간판장이와 동료

점원들에게까지 번지면서 메마를 대로 메말라 균열을 일으킨 내 심정을 축여오는 듯했다. 비로소 내가 막되어가는 모습을 그가 얼마나 연민에 찬 시선으로 지켜보아 주었는지도 알 것 같았다. 그 후 그와 나는 자연스럽게 가까워졌고 퇴근길을 같이하면서 한 치 앞을 내다볼 수 없는 시국에 대한 불안과 공포를 서로 나누면서 위로받곤 했지만, 서로의 가정사에 대해선 한마디도 나누지 않았다. 나는 휴전이 되기 전에 결혼해서 PX 걸 생활을 청산했고 그는 휴전 후 정부가 환도하면서 PX가 용산으로 옮겨간 후까지도 초상화 그리는 일을 한 걸로 알고 있다.

내가 비교적 평탄한 결혼생활을 하면서 많은 아이를 낳아 기르느라 문화계 소식과는 담을 쌓고 사는 사이에 그는 조금씩 유명해졌지만 여전히 그림만으로는 생활이 안 될 때 백내장으로 고생하다가 타계한 걸 전해 들었다. 그의 유작전 소식을 신문 문화면에서 읽고 마음먹고 찾아가 〈나무와 여인〉이라는 작은 소품에 매료되어 오랫동안 그 앞을 떠나지 못했고, 그때의 감동이랄까, 소름이 돋을 것 같은 충격을 참아내기 어려워 놓여나기 위해 쓴 게 내 처녀작 『나목』이다. 그는 왜 꽃 피

거나 잎 무성한 나무를 그리지 못하고 한결같이 잎 떨군 나목
만 그렸을까. 왜 나무 곁을 지나는 여인들은 하나같이 머리에
뭔가를 이고 있지 않으면 아이라도 업고 있는 걸까.

남자들은 일자리가 없고, 그 대신 여인들이 두 배로 고달팠
던. 그러나 강한 여인들은 결코 절망하지 않고 전후의 빈궁을
온몸으로 감당하고 사는 모습이 그의 선한 눈엔 가장 아름다
워 보였을 것 같다. 그래서 오래오래 남기고자 화폭을 돌 삼아
돌을 쪼듯이 힘과 정성을 다해 그린 게 아니었을까. 여인들이
바쁘게 지나가는 길목마다 나목이 서 있다. 조금만 더 견디렴,
곧 봄이 오리니 하는 위로처럼. 그와 내가 한 직장에서 보낸
그해 겨울, 같이 퇴근하던 폐허의 서울에도 나목이 된 가로수
는 서 있었다. 내 황폐한 마음엔 마냥 춥고 살벌하게만 보이던
겨울나무가 그의 눈엔 어찌 그리 늠름하고도 숨 쉬듯이 정겹
게 비쳐졌을까.

이번 현대화랑에서 열리는 박수근 회고전에서 제일 먼저 내
눈에 들어온 것도 나에게 소설 『나목』을 쓰게 한 그 〈나무와
여인〉이었다. 그건 작지만 보석처럼 빛나며 내 눈을 끌어당겼
다. 전시회는 국민화가라는 애칭, 존칭에 걸맞게 대성황이었

다. 못 보던 대작도 많았지만 나는 좀처럼 나의 작은 보석 앞
을 떠나지 못했다.

박완서 산문집
못 가본 길이 더 아름답다

지은이 ㅣ 박완서
펴낸이 ㅣ 양숙진

초판 1쇄 펴낸날 ㅣ 2010년 8월 2일
초판 13쇄 펴낸날 ㅣ 2011년 2월 20일

펴낸곳 ㅣ ㈜ **현대문학**
등록번호 ㅣ 제1-452호
주소 ㅣ 137-905 서울시 서초구 잠원동 41-10
전화 ㅣ 516-3770
팩스 ㅣ 516-5433
홈페이지 ㅣ www.hdmh.co.kr

ⓒ 2010, 박완서

ISBN 978-89-7275-467-1 03810

* 책 값은 뒤표지에 있습니다.